마음챙김
골프

10초만에 굿샷을 만드는
마음챙김 골프

초판 1쇄 발행 2023년 3월 26일
초판 2쇄 발행 2023년 4월 10일

지은이　박지은 김연정
발행처　예미
발행인　황부현
기 획　박진희
편 집　김정연
디자인　김민정
삽 화　마피

출판등록　2018년 5월 10일(제2018-000084호)

주소　경기도 고양시 일산서구 중앙로 1568 하성프라자 601호
전화　031)917-7279　　**팩스** 031)918-3088
전자우편　yemmibooks@naver.com

ⓒ박지은 김연정, 2023

ISBN 979-11-92907-04-8　03690

10초 만에 굿샷을 만드는

마음챙김 골프

박지은 김연정 지음

Mindfulness Golf

GOLF

예미

우리는 마음과 몸을 건강하게 만드는 일에 관심이 많습니다. 적어도 10년 이상 현대인의 심리적, 신체적 건강을 다루어 왔습니다.

오랜 경험을 통해 깨달은 것은, 마음만 또는 몸만 건강할 수는 없다는 사실입니다. 마음과 몸은 서로에게 강력한 영향을 미칩니다.

마음이 불안정하면 몸이 병들고, 몸이 고통받으면 마음이 무너집니다.

골프도 마찬가지입니다. 스킬만 좋다고 원하는 결과를 얻기 어렵습니다.

'골프 스킬'만큼 중요한 것이 '마음근력'입니다.

'스킬'이 몸에 해당한다면, '집중'이 마음인 셈입니다.

우리가 하는 일의 핵심은 모든 일, 관계, 삶을 살아가는 데 있어 필요한 '기초체력'이라고 볼 수 있습니다.

기초체력으로서 건강한 마음 그리고 건강한 몸을 가진 사람은,

어려움을 겪어도 빠르게 회복하고,
끝까지 견디고 도전하는 근성을 발휘하며,
실패를 기회로 삼아 다시 도전합니다.

마음과 몸이 건강하지 못한 사람은 이 모든 일이 어렵습니다.

물론, 각자 타고난 체력이 다르고 훈련을 하더라도 그 성과가 다를 수 있습니다. 하지만 평소 꾸준히 반복하다 보면, 평생 타이거 우즈나 박세리가 될 수는 없을지라도 분명 어제와 다른 나를 발견하게 됩니다.

골프 프로암 대회에서 '마음챙김 골프명상'에 대한 강의를 한 적이 있습니다.

프로암Pro-am, Professional-amateur은 프로 선수와 아마추어 선수가 함께 경쟁하는 대회입니다. 이날 대회에 참여했던 분들은 KPGA한국프로골프협회 회장님, 프로 골프 선수들, 준프로급 회원들이었습니다. 참여자들은 우리가 안내하는 내용을 받아 적기도 하고 고개를 끄덕이며 공감해 주셨습니다.

한 가지 에피소드로, 그날 경기에서 KPGA 회장님이 홀인원을 하셨습니다. 우리도 덩달아 기분이 좋았고, 강의의 효과도 1% 정도

는 있을 거라고 생각했습니다. (아마도!)

골프를 즐길수록, 이것이 우리의 일과 닮아 있다는 것을 알게 되었습니다.

몸을 잘 쓰는 방법을 배울 수 있는 곳은 많지만, 마음을 잘 다루는 방법을 배울 수 있는 곳은 적습니다.

골프 스킬에 대한 학습은 연습장에서도, 유튜브에서도 가능합니다. 하지만 어디에서도 골프 경기 중 '마음' 다루는 법을 알려 주지 않았습니다. "마음을 편안히 하세요", "심호흡을 하세요", "평정심을 유지하세요" 정도랄까. 어떻게 해야 마음이 편안해지고, 평정심을 유지할 수 있다는 건지 말해 주지 않습니다.

그래서 우리는 이 책에서 '골프에 도움이 되는 마음근력 훈련법'에 대해 이야기했고, 이를 〈마음챙김 골프〉라고 이름 지었습니다.

마음챙김 골프를 훈련하면 여러 가지 장점이 있지만, 그렇다고 누구나 단박에 싱글 플레이어로 만들어 주지는 않습니다. 우리는 마음챙김의 원리와 몸의 활용을 극대화하는 방식을 통해 경기에 도움을 주고자 했습니다.

그간 매 홀에서 부담감, 불안감, 긴장감, 주변 소음 등으로 인해 잃어버렸을 한 타씩을 줄일 수만 있다면 분명 전보다 만족스러운 스코어를 얻을 수 있을 것입니다.

미리 밝히지만 우리의 직업은 골프 선수가 아닙니다(밑밥…). 우리 중 한 명은 상당한 실력을 갖고 있지만(80~85타), 다른 한 명은 골프를 시작한 지 2년이 채 되지 않았습니다(90~95타).

하지만 한 가지는 확신할 수 있습니다.

마음챙김 골프명상 훈련을 하지 않았더라면 지금의 스코어를 달성할 수 없었을 것이고, 몸도 마음도 많이 아팠을 것입니다. 훨씬 초반에 골프를 접었을지도 모릅니다.

두 사람의 에피소드를 엮어 내다 보니, 책을 읽는 동안 이 에피소드는 두 사람 중 누구의 스토리일까? 하고 궁금해하실 수 있습니다. 맞히는 재미를 선물로 드립니다.

우리가 직접 적용하고 경험한 내용이라 확신을 가지고 제안하고 있지만, 모든 사람에게 맞는 방법은 아닐 수 있습니다. 사실 얼마나 많은 사람들에게 이 방법이 도움이 될지 궁금합니다.

그러니 이 책을 읽고 도움을 받은 분이 있다면 그 결과를 알려 주셔도 좋을 것 같습니다.

제 생에 다섯 번째 홀인원을 작년 프로암 대회에서 했습니다. 그날 경기 직전 '마음챙김 골프' 강의를 들었고, 인상적이었죠. 골프를 하다 보면 멘탈이 흔들리는 경우가 많은데 마음을 차분하게 만드는 연습이 가능하다고 했습니다.

살면서 집중이 필요한 순간은 골프 외에도 많을 겁니다.

이 책에서 제시하는 몇 가지 방법을 연습해 두면 많은 부분의 활동에서 좋은 퍼포먼스를 내는 데 도움을 받을 수 있을 것입니다.

구자철 한국프로골프협회(KPGA) 회장, 예스코홀딩스 회장

명상은 원래 가만히 앉아서 눈 감고 하는 것이 아니다. 옛 선사들은 행주좌와行住坐臥를 강조했다. 움직이면서 하는 것이 진짜 명상이란 뜻이다. 여러 스포츠 중에서 명상과 가장 잘 어울리는 것이 골프다.

이 책은 명상을 이용해 골프 타수를 낮춰 주는 것처럼 시작한다. 하지만 스무 가지의 골프 명상을 따라가다 보면 어느새 골프를 통해 명상에 자연스레 입문하도록 안내한다.

김주환 연세대학교 언론홍보영상학부 교수
《내면소통》,《회복탄력성》 저자

골프를 평생 해 온 프로 선수라고 해도 매 경기에 긴장할 수밖에 없는 것이 사실이다. **특히 슬럼프를 겪고 다시 경기에 임할 때는 부담이 엄청나다. 그때 마음을 다스리지 못하면 회복하기 어렵다.**

몸을 훈련하거나 신체 밸런스를 유지하는 것도 필요하지만, 마음의 평정심을 유지하는 연습을 하는 것도 매우 중요하다. **그래서 이 책을 모든 분들께 추천하고 싶다.**

김태훈 전 골프 국가대표팀 남자 헤드코치, KPGA 정회원
2018 자카르타 아시안게임 개인전 은메달, 단체전 동메달

요즘 유행인 마음챙김이 드디어 골프에까지 접목되었네요.

모든 일이 그렇지만 골프도 인생사만큼이나 참 마음대로 되지 않습니다. 골프가 전형적인 '멘탈 게임'인 까닭입니다. 작가의 말처럼 마음이 작동하는 원리를 이해하면 몸과 마음의 항상성을 유지하기가 쉽습니다. **자신의 상태를 이해하고, 한계를 알고, 장점을 발휘해서 사용한다면 안전하고 건강한 골프 생활을 할 수 있을 겁니다. 그래야 행복한 마음으로 오래오래 골프를 즐길 수 있지 않을까요?**

신영철 강북삼성병원 정신건강의학과 전문의
《그냥 살자》,《어쩌다 도박》 저자

心身不二심신불이! 분명 몸과 마음은 둘이 아니다!

어디 마음이 작용치 않는 분야가 있겠냐만 골프만큼 그 마음의 작용이 잘 드러나는 운동은 없을 것이다.

저자와 여러 번의 라운딩 기회가 있었다. 언제나 차분한 정중동의 몸짓으로 명상하듯 스윙하고 부드러운 호흡으로 과감한 샷을 날리는 모습을 여러 번 보았다. 싱글 수준의 골프 실력도 부럽지만 **마음관리의 노하우가 궁금했는데 그 비밀을 이렇게 모두와 나눠 주니 고마울 따름이다.** 이 책이 독자 여러분들의 마음골프에 힘이 될 것이라 확신한다.

이성엽 아주대학교 교수, 한국교육컨설팅코칭학회 고문
《변화와 성장을 위한 NLP의 원리 1》, 《어웨이크너》 저자

이 책이 나만 재미있나? ㅎㅎ 10초 만에 심리가 바뀌는 것도 신기하다. 특히 에피소드들은 왜 이리 공감이 가는지. (난 초보도 아닌데. 흠흠.)

두 사람이 언젠가부터 골프에 이상한 실험을 하길래 그러려니 했는데 조금씩 달라졌다. 매 스윙마다 흐트러짐이 없다고 해야 할까? **이동할 때 웃고 떠들다가 스윙할 때는 보이지도 들리지도 않는 사람처럼 집중하는 것을 보면서 좀 놀라기도 하고, 부럽기도 했다.** 비슷한 구력을 가진 사람들 중에 두 사람의 실력이 가장 좋은 것을 보면 뭔가 비법이 있는 것은 분명해 보인다.

임채린 저자들과 라운딩을 자주 가는 백돌이 친구

나는 골프가 진심으로 재미있다. 처음에 그렇게 마음먹은 것 같다. 재미있게 치자. 즐기자. 그랬더니 정말로 재미있어졌다.

'골프 스타일은 시작한 지 1주일 안에 만들어진다'고 하는데, 초반의 습관과 태도 형성이 중요하기 때문인 것 같다. 그래서 골프를 시작하는 사람에게 명상이나 멘탈 관리가 더욱 필요하다.

연습장이건 필드건, 골프채를 잡고 있는 동안만큼은 실력 평가가 아니라 어떤 목표와 어떤 마음가짐으로 라운딩을 할 것인지 생각해 보고, 골프를 즐길 수 있기를 바란다.

최지희 CHOISGOLF 대표, KLPGA 프로

19살에 골프를 시작했고, 아침부터 밤까지 골프 생각만 했습니다. 그러다가 3년의 정체기를 겪었고, 극복 과정에서 알게 되었어요. 정신력이 뒷받침되어야 체력, 실력 모두 얻을 수 있다는 것을.

골프는 결국 멘탈 게임이에요. 그래서 프로 선수들은 멘탈이 강하죠.

아마추어일수록 동반자의 영향을 입거나 일희일비하는 경우가 많아요. 이 책에는 아마추어 골퍼들이 참고하면 좋은 내용이 가득한데, 읽다 보니 저도 몇 가지 방법을 따라 해 봐야겠다 하는 생각이 드네요.

한영빈(양마 원장) 스윙 스탠다드 골프 스튜디오 대표원장

라운딩 중

라운딩 후

라운딩 전

1

레슨

똑딱이, 꼭 해야 할까요?

"말 안 하면 진도 안 빼 주시니까, 2주 후에 라운딩이라고 뻥치고 빨리 드라이버 알려 달라고 해."

친구가 조언을 해 줬다. 오, 이런 꿀팁이.

안 그래도 똑딱이가 슬슬 지겨웠던 참이라 레슨을 해 주시는 프로님께 넌지시 요청을 했다.

"아이 참, 저는 진짜 안 가고 싶은데 어쩔 수 없는 라운딩이 잡혔지 뭐예요(찔림). 일주일이라도 드라이버 연습하고 가야 하지 않을까요? 다음 주에는 드라이버 가르쳐 주시면⋯.^^;"

아이컨택도 하지 못하고 중얼중얼 말씀드리다 고개를 들어 프로님 얼굴을 봤다.

처음 보는 프로님의 얼굴이었다. 한심함, 황당함 등이 버무려진 표정이었다.

입을 벌리고 약 5초간 쳐다보던 프로님이 말씀하셨다.

"회원님, 그러다… 큰일 나세요."

똑딱이 단추, 똑딱이 카메라소형 자동카메라, Point and Shoot, 똑딱똑딱하는 소리로 연상되는 시계 또는 시간의 흐름.

똑딱이 하면 이 정도의 의미가 퍼뜩 떠오른다.

골프를 시작할 때 누구나 똑딱이라는 것을 하게 된다. 좁은 궤도의 스윙부터 하프 스윙 정도까지 무한 반복 연습하는 것인데, 시계추가 왔다 갔다 하는 것을 연상시키는 이유로 그렇게 불리는 것 같다.

이것의 특징은, 일단 매우 지겹다. 심지어 초반에는 공 없이 스윙하기 때문에 방금 내 똑딱이가 '굿good'이었는지 '배드bad'였는지 스스로 알 수가 없다.

레슨해 주시는 프로님의 태도도 감흥이 없다. 똑딱이 샷에 대고 "굿샷~"을 외치겠는가, "웁스!"를 외치겠는가. 그저 "다시~" 또는 "계속하세요^^"의 반응이다.

나는 약 3주간 7번 아이언 하나로만 똑딱이를 했다. 한마디로? 죽을 맛이다.

요즘은 사람들이 지겨워해서 똑딱이를 되도록 짧게 한다고는 하는데, 골프를 훨씬 먼저 시작한 사람일수록 오랫동안 똑딱이를 하

도록 요구받았던 것 같다. 3개월 이상 했다는 사람도 있다.

똑딱이는 왜 할까?

우리 몸의 움직임은 의식보다 무의식에 의해 결정되는 순간이 많다. 물컵을 들어 올릴 때 "물컵을 들자" 해서 움직이는 것이 아니라 '물을 마시고 싶다'는 의식, 그리고 '물컵 들어 올리기'라는 무의식이 함께 작동해서 몸을 움직이는 것이다.

반복된 연습은 그 동작을 몸에 새긴다.

스윙에서는 클럽 헤드페이스의 정확한 스팟에 공을 맞추는 일이 가장 중요하다. 공과 클럽이 만나는 시점을 무한 반복 연습해서 몸에 새겨 놓는 일은 어쩌면 너무 당연한 일 아닐까?

지겨워도 하자.

초보일 때는 10분이라도 매일 하면 좋고, 어렵다면 주 3회 30분 이상 딱 2주만 참으면 멋지게 풀스윙할 수 있다.

> ⚑ 많은 비기너들이 스윙의 기본을 이해하기도 전에 스코어를 따지려 든다. 이것은 걷기도 전에 뛰려는 것과 같다.
>
> **- 잭 니클라우스**
>
> # 커리어 그랜드 슬램을 세 번이나 달성한 골프의 제왕

2

연습시간

얼마나 자주, 몇 시간 해야 할까요?

"굿샷!"

캐디님의 시원한 목소리와 함께 친구가 티박스에서 내려왔다.

망했군.

나에게는 일종의 징크스가 있는데, 여자 네 명이 라운딩을 할 때 바로 내 앞 순서의 동반자가 지나치게 굿샷을 날리면 나는 망한다. 질투? 긴장? 비교? 모르겠다. 암튼 내가 먼저 치는 게 차라리 낫다.

누군가는 첫 번째로 치는 게 너무 부담스러워서 망친다는 사람도 있다. 결국, 멘탈 문제일 것이다.

방금 전에 굿샷을 날린 친구에게 구찌를 날렸다.

"요즘 연습 좀 했나 봐?"

그러자 조금은 재수 없는 답이 날아왔다.

"필드에서만 연습하는데?"

꼭 이런 사람이 있다. 공부를 안 하고 시험은 잘 보는.

안타깝게도 나는 그런 종류의 사람은 못 된다. 남들보다 많은 시간과 노력을 들여야만 비로소 남들만큼 겨우 할 수 있다.

스스로 이런 사람이라는 것을 알고 있기에 골프 연습에도 일종의 규칙을 정했다.

- **되도록 매일 연습장에 간다** : 그렇다고 매일 1시간씩 연습해야 하는 것은 아니다.

- **적어도 10분은 연습하려고 노력한다** : 정 시간이 안 날 때는 클럽 1개만 딱 10분 연습한다.

- **연습을 쉬는 날이 이틀을 넘기지 않도록 한다** : 스윙 연습의 결과가 몸에 약 이틀간 남아 있으니, 사라지기 전에 다시 새겨 넣어야 한다. 무슨 기준이냐고? 술을 마시면 간이 회복되는 데 최소 48시간 걸린다고 하길래.

- **한 달간 이 기준을 90% 이상 지키면 스스로에게 선물을 한다** : 예를 들어, 예쁜 골프복 한 벌을 데려온다든지.

이런 식으로 내 맘대로 기준을 세우고 지키려고 노력했다.

한번 연습할 때 1시간 이상 연습하는 것이 효과적이긴 하다. 개인적으로 30분 정도는 지나야 몸이 풀리는 것 같고, 60분이 지나갈 즈음 '리듬감'이 느껴지기 때문이다.

개인 차가 있을 수 있다. 반복적으로 연습하면서 나만의 효과적인 연습 시간을 찾아보는 것도 재미다.

그런데 60분을 하느냐 120분을 하느냐보다 중요한 것이 있다. 적어도 3개월은 매일 10분이라도 몸이 스윙을 경험하게 해야 한다. 인간에게 습관이 형성되는 기간은 8~12주라는 연구 결과들이 많기 때문이다.

매일 1시간 이상 연습한다면 3~4주로 줄일 수도 있다. 개인의 생활 패턴에 맞추면 된다. 골프는 삶을 즐겁게 영위하기 위한 수단이지, 삶의 목적 자체는 아니니까.

나의 일과를 들여다보고, 10분 이상 연습할 수 있도록 계획을 세우자.

만약, 당신이 시험공부 안 하고 시험을 잘 보는 사람이라면? 연습하지 않아도 좋다.

▶ 골퍼의 스타일은 골프를 시작한 최초의 1주일에 만들어진다.

– 해리 바든

1900년대 초 골프 역사에 한 획을 그은 인물.
브리티시 오픈 6번 우승, 메이저 대회 14회 우승자.

3

동기부여
연습장에 나가기 싫어요

이불 밖은 위험해. 오늘은 주말이니까 뒹굴뒹굴 넷플릭스와 함께 하기로 마음먹었다.

그때 전화벨이 울렸다.

"어디냐?"

근처 사는 베프였다.

일부러 자다 일어난 목소리를 꾸며 내며 목이 잠긴 듯 답했다.

"집…. 왜?"

친구는 이 황금 같은 주말 아침부터 전화해서 연습장에 가자고 했다. 애들이 놀러 나가서 한가하다는 이유였는데, 나의 등짝은 이미 소파와 한 몸이 되어 있었다.

여러 가지 핑계로 거절했지만 친구는 요지부동이었다. 내가 졌다. 어차피 계속 전화로 졸라 대서 TV에 집중할 수도 없었다.

결국 연습장에 갔고, 1시간이 지났다.

어라? 생각보다 상쾌했다. 심지어 살짝 아쉬웠다.

"스크린 한 겜 고?"

결국 우리는 배가 고파지고 나서야 골프채를 내려놓았다.

초보일 때는 연습장 가는 것이 참 귀찮았다. 연습해도 느는 것 같지 않았고, 이게 지금 잘 치는 건지 확인할 길도 없었다. 오늘 잘 맞아도 내일 잘 안 맞고, 라운딩을 자주 가기도 어렵다 보니 의욕이 떨어져 갔다.

이러다가는 돈만 날리고 연습장 사용기간도 끝나고, 큰마음 먹고 구입한 장비도 골동품이 되겠다 싶었다. 연습장에 자주 올 수 있는 방법을 찾아야 했다.

그러자면 나 자신의 성향을 이해해야 한다. 게으른지 부지런한지, 멀어도 시설이 중요한지 가까운 게 우선인지, 꾸준한지 금세 싫증 내는지 등.

이러한 점을 기반으로 나란 사람은 어떻게 해야 연습장에 자주 가는 데 도움이 될지 몇 가지 항목을 정리해 봤다.

- **가까운 연습장** : 일단 가야 하는데, 이동시간이 길면 의욕이 떨어지더라.

- **예약 가능한 곳** : 가서 기다려야 하면 힘 빠지니까, 적어도 대기가 짧은 연습

장이 좋더라.

- **사우나 있는 곳** : 연습 안 하고 씻기만 해도 남는 장사니까 좋더라.
- **레슨프로의 성향** : 열정적이고 하나라도 더 가르쳐 주려는 사람이면 가고 싶더라.
- **골프 메이트 유무** : 혼자는 심심한데 친구랑 같이 가면 한 번이라도 더 가게 되더라.
- **장기수강 결제** : 어쨌든 돈 아까우니까 가게 되더라.

이렇게 정리하고 보니 선택 가능한 연습장 범위가 좁혀졌다.

이처럼 자기 자신의 성향을 정리해 보자. 그다음에 연습장을 검색해서 선택하면 한 번이라도 더 가게 되지 않을까?

⚑ 하루를 연습하지 않으면 나 스스로 안다. 이틀을 연습하지 않으면 갤러리가 안다. 사흘을 하지 않으면 온 세상이 안다.

– 벤 호건

\# 20세기 위대한 골퍼.
냉철한 승부사로 불리는 인물.

4

이완(1)

공과 홀만 보이는 마법

2005년, '내 생애 최고의 경기'.

이때부터 골프를 쳤다는 이야기는 아니다. 이때 봤던 영화 제목이다. 빌 팩스턴 감독, 샤이아 라보프 주연의 영화인데, 감독도 원래는 영화배우다.

1913년 US오픈 당시 영국의 챔피언이며 당대 최고의 프로 선수였던 해리 바든을 꺾고 우승한, 프랜시스 위멧이라는 20세 아마추어 골프 선수의 감동 실화를 그린 영화이다. 골프를 1도 모를 때임에도 불구하고 이 영화는 굉장히 몰입감이 있었다.

노동자 출신의 위멧은 캐디로 일하던 미국의 아마추어 골퍼였다. 부자, 엘리트 등 상류층의 전유물로 여겨졌던 골프를 캐디 출신 평민이 우승하면서 일반인도 골프를 할 수 있다는 의식이 생겨났다고 한다.

모든 골퍼가 경험하듯 숨 막히는 스윙의 순간순간에 다양한 훼방꾼이 나타난다. 아버지의 반대, 사람들의 무시, 마음의 부담 등 각종 훼방꾼을 10살짜리 캐디와 함께 극복해 나간다.

사실 나는 이 영화를 보고 위멧보다 해리 바든 선수의 팬이 되었다.

그리고 잊히지 않는 장면이 있다.

어려운 스윙을 앞둔 시점, 그 순간 해리 바든은 온 정신을 집중한다. 먼저 눈앞에서 갤러리가 사라진다. 이후 나무와 바위들이 사라진다. 주변의 소음이 사라지고, 이제 오로지 홀만 보인다. 실로 엄청난 정신력이다.

보통은 이런 정신력이 그냥 발휘되지 않는다. 평소 일정한 패턴으로 반복해서 연습을 해 둬야, 원하는 순간에 발휘할 수 있게된다.

박태환 선수가 시합 전에 헤드셋을 끼고 마음을 다스리는 장면을 본 적이 있을 것이다. 박태환 선수는 음악을 들으면 심신이 안정된다고 한다.

어떤 특정한 상황이 갖추어지면 심신이 안정되거나 또는 흥분되는 사람이 있다. 반대로, 무언가를 했을 때 심신이 안정되도록 반복적으로 연습할 수도 있다.

먼저 눈앞에서 갤러리가 사라진다.
이후 나무와 바위들이 사라진다.
주변의 소음이 사라지고,
이제 오로지 홀만 보인다.

특정 음을 들으면 뇌파에 영향을 줘서 심신을 안정시킨다거나 환각을 경험하게 한다는 말은 근거가 부족하고 신뢰하기 어렵다. 하지만 적어도 뇌를 훈련시켜 원하는 반응을 이끌어 내는 방법은 가능하다. 예를 들어, 파블로프의 개 실험처럼.

밥을 줄 때마다 종소리를 들려주면, 종소리만 들려도 밥 먹는 시간인 줄 알게 된다. 정신력 훈련을 할 때마다 음악을 들으면, 음악만 들어도 정신력을 발휘할 준비가 된다.

어떤 음악을 듣건 상관이 없지만, 박태환 선수처럼 스스로 찾아내도 좋다. 다만, 개인적으로는 가사가 있는 음악이나(생각에 빠지게함) 리듬이 복잡한 음악보다 단조로우면서 고요한 음정의 음원을 추천한다.

긴장될 때

'음악에 마음 모으기'

❶ 마음의 안정에 도움이 되는 음악, 힐링 음원, 고요한 소리, 자연의 소리 등의 키워드로 몇 가지 음원을 검색해서 자신에게 도움이 되는 음원을 정한다.

❷ 눈을 감고 음악을 들으며 소리에 귀를 기울인다.

❸ 음의 높낮이, 길이, 시작과 끝, 멈추거나 이어지는 부분 등 소리의 변화에 집중한다.

❹ 긴장, 두려움 등의 감정, 그리고 수많은 생각이 줄어들고 오직 소리만 들린다.

❺ 한 곡을 듣는 동안 다른 것을 하지 않고 소리에 마음을 모은다.

❻ 평소 반복해서 연습하고, 라운딩 전에 1회 이상 청취한다.

뇌가 기억해 낼 것이다. 지금, 정신력을 발휘할 순간이라는 것을.

5

장비 구입

장 프로를 아시나요?

큰딸인 나는 살면서 '중고'를 쓸 일이 별로 없었다. 그런데 골프채는 물려받았다.

일단 무겁고, 부피가 크고, 금속으로 만들어진 것을 세트로 턱 받았을 때 기분이 좋았다. 이게 1년 된 건지 3년 된 건지는 관심 없었다. 그런데 연습장에 며칠만 가면 알게 된다. 내 골프채가 10년도 넘은 것이라는 사실을.

일단 프로님이 말씀하신다.

"골동품 수준이네요. 그래도 초보니까 괜찮아요. 하하."

쪽팔림과 함께 마음이 상한다. 급히 다른 사람들 장비를 훔쳐본다.

솔직히? 뭔 차인지 잘 모르겠다. 오히려 캐디백에 눈이 간다. 색이 화려한 캐디백, 모양이 독특한 캐디백, 초보 눈에도 비싸 보이는

장점은 있었다.
비싼 값을 지불하고 나니
골프를 그만둘 수 없게 된 것이다...

캐디백에 들어 있는 장비는 다 좋아 보였다.

마음에서 누군가 중얼거린다.

"어차피 살 건데, 지금부터 좋은 거 쓰면 좋잖아?"

골프 잘 치는 지인에게 부탁해서 마음에 드는, 하지만 지나치게 비싼 장비를 갖게 되었다.

장점은 있었다. 비싼 값을 지불하고 나니 골프를 그만둘 수 없게 된 것이다. 문제는, 몇 개월도 지나지 않아 다른 장비들이 탐나기 시작했다는 점이다.

내 스윙 스타일을 고려하지 않고 클럽을 골라서 스코어가 이 따윈가? 하는 의심도 들었다. 물론, 장비 때문이 아닐 가능성이 높지만.

이러한 경험 때문에 골프를 시작하는 지인에게 추천하는 방법이 있다.

우선 중고 채를 구입해서 3~6개월 꾹 참고 쓰는 것이다. 다시 팔 수 있도록 너무 후지지 않은 것으로. 이때 중요한 것은 "여러분, 기다리세요. 6개월 후에 나의 멋진 장비를 보게 될 겁니다." 하는 마음으로 버티는 것이다.

3~6개월 정도면 골프채 브랜드, 특징, 나의 스윙 스타일 등을 어느 정도 알 수 있게 된다. 이때 마음에 드는 장비로 바꾸면 된다. 기존의 골프채는 다시 중고로 팔자.

이 얼마나 꿀팁인가?

골프를 1년 이상 치다 보면 장비를 종종 바꾸게 된다. 심지어 나에게 꼭 맞는 장비로 변신시키기 위해 피팅*을 하는 일도 흔하다. 그러니 처음부터 '장 프로(장비만 프로)'로 데뷔하여 비싼 장비로 돈 낭비하지 말고, 일단 '골린이(골프 어린이)' 타이틀을 떼는 것에 집중하자.

> ▶ 골프는 작은 공을 쳐서 더 작은 구멍에 넣는데, 그것도 잘못 만들어진 도구로 집어넣는 게임이다.
>
> — 윈스턴 처칠
>
> # 2차 세계대전 시기의 영국 수상.
> 유머가 넘쳤던 처칠이 골프를 즐겨 했다는 기록은 없다.

---

* 골프 피팅 : 골프채를 개인의 신체조건, 구력, 스윙 스타일 등을 고려해 맞춤형으로 조립하거나 제작하는 것

6

준비물

레드티는 빨간 티, 화이트티는 흰 티?

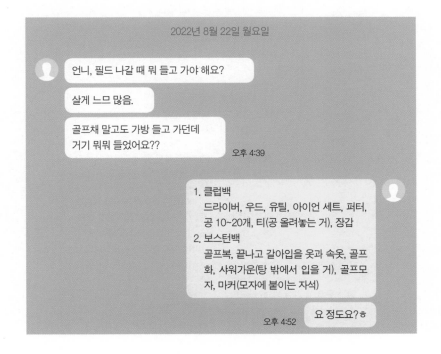

2022년 8월 22일 월요일

언니, 필드 나갈 때 뭐 들고 가야 해요?

살게 느므 많음.

골프채 말고도 가방 들고 가던데
거기 뭐뭐 들었어요??

오후 4:39

1. 클럽백
   드라이버, 우드, 유틸, 아이언 세트, 퍼터,
   공 10~20개, 티(공 올려놓는 거), 장갑
2. 보스턴백
   골프복, 끝나고 갈아입을 옷과 속옷, 골프
   화, 샤워가운(탕 밖에서 입을 거), 골프모
   자, 마커(모자에 붙이는 자석)

오후 4:52

요 정도요?ㅎ

클하(클럽하우스) 도착하면 차를 앞에 정차시키고 트렁크 열어주면 앞에 계신 분들이 클럽백과 보스턴백을 내려줘요.

내리고 나면 나는 차를 주차장에 대고 클하 앞으로 걸어와서 보스턴백을 챙겨서

(클럽백은 그들이 카트로 가져갑니다.)

오후 4:53

보스턴백만 들고 카운터 가서 체크인해요.

예약자 이름 말하고 서류 작성 후 라커키 받고

라커 가서 옷 갈아입고 선크림 바르고 준비되면 스타트포인트로 가요.

차키는 갖고 다녀야 하고 현금(캐디피 줄 용도)도 약 10만 원쯤 갖고 다녀야 해요.

오후 4:55

와, 언니 설명! 영화 한 편 보는 느낌!

오후 4:55

ㅋㅋㅋ
스타트포인트 가면 카트가 있을 거고 그때 골프공, 티, 장갑을 꺼내서 의자 앞 포켓에 놓고 장갑 껴요.

클하에는 아무리 늦어도 30분 전에 도착해야 하고 티옵 시간 15분 전에 카트로 가 있는 게 매너예요.

티옵은 4명 중 마지막 사람이 티샷을 친 시간 기준이라 티옵 시간보다 빨리 움직여야 해요. 무조건 남자가 먼저 치고(화이트티) 다음 여자 레드티로 움직여요.

오후 4:56

헉, 빨간 옷 입고 가야 해요? 레드티?

오후 4:57

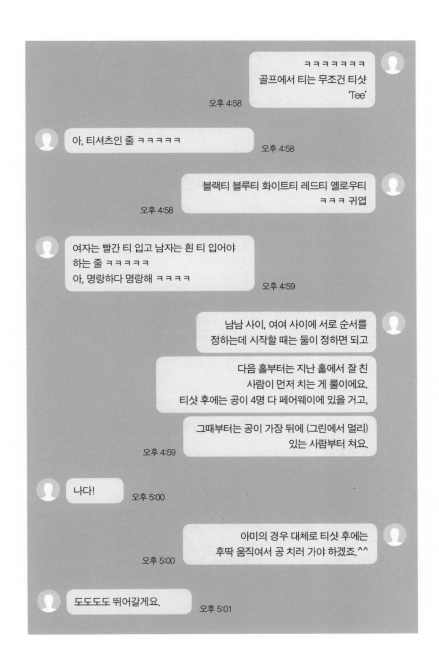

ㅋㅋㅋㅋㅋㅋㅋ
골프에서 티는 무조건 티샷
'Tee'

오후 4:58

아, 티셔츠인 줄 ㅋㅋㅋㅋㅋ

오후 4:58

블랙티 블루티 화이트티 레드티 옐로우티
ㅋㅋㅋ 귀엽

오후 4:58

여자는 빨간 티 입고 남자는 흰 티 입어야
하는 줄 ㅋㅋㅋㅋㅋ
아, 명랑하다 명랑해 ㅋㅋㅋㅋ

오후 4:59

남남 사이, 여여 사이에 서로 순서를
정하는데 시작할 때는 둘이 정하면 되고

다음 홀부터는 지난 홀에서 잘 친
사람이 먼저 치는 게 룰이에요.
티샷 후에는 공이 4명 다 페어웨이에 있을 거고,

그때부터는 공이 가장 뒤에 (그린에서 멀리)
있는 사람부터 쳐요.

오후 4:59

나다!   오후 5:00

아미의 경우 대체로 티샷 후에는
후딱 움직여서 공 치러 가야 하겠죠.^^

오후 5:00

도도도도 뛰어갈게요.   오후 5:01

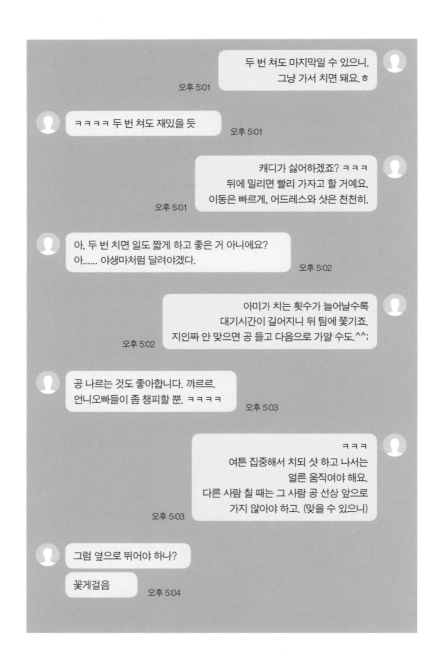

두 번 쳐도 마지막일 수 있으니.
그냥 가서 치면 돼요. ㅎ
오후 5:01

ㅋㅋㅋㅋ 두 번 쳐도 재밌을 듯
오후 5:01

캐디가 싫어하겠죠? ㅋㅋㅋ
뒤에 밀리면 빨리 가자고 할 거예요.
이동은 빠르게, 어드레스와 샷은 천천히.
오후 5:01

아, 두 번 치면 일도 짧게 하고 좋은 거 아니에요?
아...... 야생마처럼 달려야겠다.
오후 5:02

아미가 치는 횟수가 늘어날수록
대기시간이 길어지니 뒤 팀에 쫓기죠.
지인짜 안 맞으면 공 들고 다음으로 가얄 수도. ^^;
오후 5:02

공 나르는 것도 좋아합니다. 꺄르르.
언니오빠들이 좀 챙피할 뿐. ㅋㅋㅋㅋ
오후 5:03

ㅋㅋㅋ
여튼 집중해서 치되 샷 하고 나서는
얼른 움직여야 해요.
다른 사람 칠 때는 그 사람 공 선상 앞으로
가지 않아야 하고. (맞을 수 있으니)
오후 5:03

그럼 옆으로 뛰어야 하나?
꽃게걸음
오후 5:04

그쵸, 최대한 내 공에 빠르게 접근할 동선으로. 그린에 공이 올라가면 퍼터를 치는데 그린 위에서는 사뿐사뿐 걸어야 하고 뛰면 안 돼요.

오후 5:04

다른 사람 공과 홀 사이 동선 밟으면 안 되고, 그린을 가로질러야 할 때는 돌아가야 해요. 내 그림자가 다른 사람 칠 때 방해하지 않아야 하고, 역시 가장 먼 사람부터 퍼팅해요. 시간 없으면 '같이 칠게요~' 외치고 같이 치기도 해요.

오후 5:06

꺅... 나 정신없을 듯. '어디로 뛸까요?' 물어봐야겠다.

오후 5:06

ㅇㅇ 물어봐요 차라리^^ 지금은 공은 캐디가 놔줄 테니 놔두면 되고. 내 공을 누군가 '오케이!'라고 외치면 내 공 그냥 들고 가면서 '감사합니다' 하면 돼요.

오후 5:07

아, 들고 가도 된다는 허락인가 봐요.

오후 5:07

시간 내서 나랑 파3 가보면 금방 감 잡을 거예요. 그래야 라운딩 가서 덜 당황할 거임.

오후 5:08

와, 정말 필드 용감했네요. 나가기 전에 파3는 필수인 거 같아요! 언니니깐 이렇게 설명해 주지ㅜㅜ 동호회 갔으면 혼꾸녕 났을 듯ㅜㅜ

오후 5:08

바로 란딩 가는 사람들 많은데 난 좀 반대예요. 동반자도 힘들지만 본인 돈 아깝잖아요. 정신없이 치고 오면.

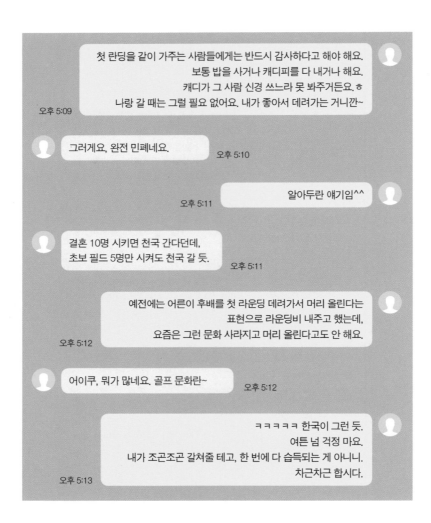

첫 란딩을 같이 가주는 사람들에게는 반드시 감사하다고 해야 해요.
보통 밥을 사거나 캐디피를 다 내거나 해요.
캐디가 그 사람 신경 쓰느라 못 봐주거든요. ㅎ
오후 5:09   나랑 갈 때는 그럴 필요 없어요. 내가 좋아서 데려가는 거니깐~

그러게요, 완전 민폐네요.   오후 5:10

오후 5:11   알아두란 얘기임^^

결혼 10명 시키면 천국 간다던데,
초보 필드 5명만 시켜도 천국 갈 듯.   오후 5:11

예전에는 어른이 후배를 첫 라운딩 데려가서 머리 올린다는
표현으로 라운딩비 내주고 했는데,
오후 5:12   요즘은 그런 문화 사라지고 머리 올린다고도 안 해요.

어이쿠, 뭐가 많네요. 골프 문화란~   오후 5:12

ㅋㅋㅋㅋㅋ 한국이 그런 듯.
여튼 넘 걱정 마요.
내가 조곤조곤 갈쳐줄 테고, 한 번에 다 습득되는 게 아니니.
오후 5:13   차근차근 합시다.

⚑ 매너가 사람을 만든다.

– 영화 <킹스맨> 중에서

7

모자 착용

부상 방지 때문이라고요?

캐디님 : "회원님, 모자는 어디 있어요?"
나　　 : "아, 더워서 오늘 안 쓰려구요."

머리를 질끈 묶고 서 있는 나에게 캐디님이 굳은 표정으로 물었
다. 순간 캐디님의 표정이 살짝 험악해진다.

캐디님 : "골프장에서 모자는 필수예요, 회원님. 매너에 해당합니다."
나　　 : ". . . 왜 모자가 꼭 필요해요?"

매너라고 하니까 할 말은 없었지만 그래도 여쭤봤다. 나는 초보
니까!

캐디님 : "햇볕을 가리는 용도도 되지만, 날아오는 공으로부터 머리를
　　　　보호할 수도 있구요. 암튼 매너예요."

아니 뭐, 모자 쓰고 공 맞으면 덜 아픈가? 하는 불만의 마음이 올
라왔다.

사실 '골프 에티켓 규정'에 모자가 필수라는 내용은 없다. 모자를
쓰는 선수들이 생겨난 것은 광고 때문이었다. 1968년 전자회사인
아만나가 야구모자에 로고를 붙여 브랜드 이미지를 홍보했고, 이를
대가로 선수들을 후원해 준 것이 시초가 되었다. 다른 모자들보다
야구모자에 부착하기가 쉽다 보니, 마치 야구모자가 골프모자의 기
본인 것처럼 생각하게 된 것이다.

결론은, 라운딩할 때 모자는 안 써도 된다. 그럼에도 불구하고 햇
볕을 가리고, 날아오는 공으로부터 조금이나마 머리와 눈을 보호하
고, 빛으로부터의 눈부심 현상을 예방하고 싶은 골퍼라면 기호에
맞게 모자를 착용하면 된다.

자, 그렇다면 골프 패션에서 다소 예민하게 다뤄지고 있는 에티
켓으로 어떤 것들이 있는지 몇 가지 정보를 제공하겠다. 다만 다음
내용은 어떤 규정집 따위에 나온 내용이 아니라 현재 우리나라 골
퍼들, 그리고 골프장에서 통용되는 수준을 공유하는 것이니, 이 점
을 기억하면 좋겠다.

골프 패션 에티켓 :

- 신발

스파이크가 있는 골프화가 미끄럼 방지에 도움이 되지만, 지나치게 거친 스파이크가 박힌 몇 개 모델에 대해 착용 금지 조치를 취하고 있는 골프장이 있다. (예: 나이키 루나 컨트롤 베이퍼 모델)

- 노출

여성의 경우 끈나시 정도의 민소매, 속옷이 보일 정도의 짧은 치마 등 노출이 심한 복장은 금지한다고 표시하고 있는 골프장이 많다. 남성의 경우 반바지에 대한 이슈인데, 최근 여름철 야간 골프가 활성화되면서 대부분의 골프장에서 허용하고 있지만 일부 골프장은 여전히 금지다.

- 상의

되도록 꺼내지 말고 넣어 입는 것을 권장한다. 깔끔하게 입으라는 의미인 것 같다. 과거에는 자켓을 입고 넥타이도 해야 했다고 한다. 최근까지도 깃이 달린 긴 소매 셔츠만 입어야 했다고 하는데, 요즘은 라운드티도 입는다.

- 하의

반바지, 긴바지, 치마 모두 벨트를 착용하는 것을 권장하지만 미착용해도 무방하다. 하지만 필드에서 줄줄 흐르는 바지나 치마를 자꾸 끌어올리지 말고 벨트를 하는 것이 좋겠다.

- 기타

앞서 밝힌 대로 모자는 취향대로, 장갑도 취향대로 착용해도 무방하다. 빨간색이 레이어드된 목장갑이 최고라는 사람도 있으니.

한 가지 팁으로, 대부분의 골프장이 자신들의 규정을 안내하고 있으니 라운딩 전 잠깐의 시간을 내서 방문 예정인 골프장 홈피를 둘러보면 좋겠다. 첫 티샷도 날리기 전에 클럽하우스에서 새 옷을 구입해 갈아입을 일이 없기를 바란다면 말이다.

⚑ 당신이 입는 옷이 당신의 태도를 만든다.

뎀나 즈바살리아

발렌시아가 크리에이티브 디렉터

8

패셔니스타
형광색 골프복, 다 있잖아요?

다음 주 라운딩 멤버 네 명의 단톡방이 열렸다.

지인1 : "우리 옷 맞춰 입을까? 인스타 보니까 네 명이서 깔맞춤한 사 진 너무 예쁘더라."

지인2 : "오오~ 나 해 보고 싶었어! 모자만 맞춰 써도 예쁘던데?"

지인3 : "이왕 하는 거 모자만 하지 말고 위아래 다 맞춰 볼까? 흐흐, 생 각만 해도 너무 웃기다."

나   : "다 같은 색으로 입으면 너무 이상할 것 같아. 다 쳐다보고 웃 는 거 아니야?"

지인1 : "그럼 상의나 하의 색을 맞춰 보자. 근데 꼭 같은 색이어야 하 나?"

나	: "아예 무지개 색으로 입어 볼까?"
지인2	: "갑자기 무지개 색 옷이 어디 있어. 다 다른 색으로 하려면 난 무슨 색으로 해야 하나?"
지인3	: "각자 하나씩 말해 보자. 빨강, 분홍, 회색, 흰색, 검정 중에서 네 가지 고르면 어때?"
지인1	: "나 검정."
지인2	: "나 흰색."
지인3	: "와, 쉬운 거 다 가져가네. 그럼 난 빨강."
나	: "나 무슨 색 할까? 너희가 정해줘 봐."
지인1	: "야, 정하면 다 있냐? ㅋㅋ"
지인2	: "어, 쟤는 다 있을걸."
지인3	: "맞네, 그럴지도 모르겠네."
지인1	: "형광 녹색!"
나	: "콜."

"ㅋㅋㅋㅋㅋㅋㅋㅋㅋㅋ", "ㅋㅋㅋㅋㅋㅋㅋㅋㅋㅋ", "ㅋㅋㅋㅋㅋ", "ㅋㅋㅋㅋㅋㅋㅋㅋㅋㅋㅋ". 단톡방에 킥킥대며 좋아하는 네 명의 얼굴이 보이는 것 같은 착각이 든다.

한참 수다를 떨고 나서도 컨셉을 정하지 못하고 결국 라운딩 전날 확정이 되었다.

당일 클럽하우스에서 만나 스타팅포인트로 이동하며 사람들의

시선이 따라붙는 것을 느꼈다. 특별히 이상한 것도 아니지만 분명히 맞춰 입은 티를 내고 있었기 때문이다.

사진을 여러 장 찍었고, 그런 우리가 귀여웠는지 캐디님도 틈날 때마다 사진을 찍어 주셨다. 인스타쟁이 친구들은 라운딩이 끝나자마자 사진을 올렸고 '좋아요'의 반응은 뜨거웠다.

우리 중 그 누구도 그날의 스코어에는 관심이 없었다.

다소 부산스러운 면이 없지 않았지만, 친구들과의 특별한 추억이 생긴 것 같아 기분이 좋았다. 가끔은 이런 재미를 누리는 것도 골프의 한 가지 매력인 것 같다.

> ⚑ 나는 그 배역에 대해 전혀 감을 잡지 못했다. 그러나 내가 옷을 입는 순간, 의상과 분장은 마치 내가 그 인물이 된 것처럼 느끼게 해 주었다. 나는 그 인물을 알아 가기 시작했고, 무대에 올라서는 순간 내 안의 그는 완전한 인물로 태어났다.
>
> **– 찰리 채플린**
>
> # 영국의 희극 배우이자 영화 감독, 제작자

9

골프복 렌탈
인스타에는 골린이가 없는 이유

요즘은 친한 사람들의 소식을 인스타에서 알게 되는 경우가 많다. 20대 초반 지인의 인스타를 확인하니 최근 신나게 라운딩을 다니고 있다는 것을 알 수 있었다. 이 친구는 소위 말하는 인스타 인플루언서다.

"넌 도대체 한 달에 몇 번이나 라운딩을 가는 거냐? 돈도 많다, 야."

부러움 반, 질투 반의 심정으로 말했는데 돌아오는 답이 가관이었다.

"언니! 촌스럽긴~. 한 번만 가도 세 번 간 것처럼 보여 줄 수 있지롱."

그녀가 들려준 한 번만 가도 세 번 간 것처럼 보여 주는 스토리를 공유하자면 다음과 같다.

우선 골프웨어 렌탈 플랫폼에 가입한다. 원하는 옷을 검색해서 라운딩 가는 날짜 앞뒤로 하루이틀 여유롭게 기간을 설정하고, 사이즈를 선택한 후 주문하면 고른 옷들이 배송되어 온다.

여기서 '옷'이 아니라 '옷들'인 이유가 등장한다. 적어도 3~4벌을 주문한다.

라운딩 당일 일찍 도착해서 커다란 캐리어에 담아 온 옷들 중 한 벌을 꺼내어 입는다. 사진을 찍는다. 친구와 서로 사이좋게 찍어 준다. 실내, 실외 돌아다니며 찍는다.

다시 라커로 돌아와서 두 번째 옷을 입는다. 이제 라운딩하러 출발. 라운딩하며 다시 한번 친구와 서로 사이좋게 포즈를 취하고 사진을 찍는다.

그늘집은 먹는 곳이 아니라 갈아입는 곳이다. 세 번째 옷을 착용한다. 서둘러야 한다.

이렇게 촬영된 사진들을 세 번에 걸쳐 올린다. 라운딩을 세 번 갔다는 말은 적혀 있지 않지만 모두가 나처럼 오해한다.

이 친구는 골프복 홍보하는 일을 하고 있고, 다소 오버스럽게 표현했지만 실제로 일반 골프 마니아들 사이에서도 종종 일어나는 일이라고 한다.

인스타를 통해 자신을 홍보하는 일은 자연스럽다. 서핑, 승마 등을 한두 번만 다녀와도 선수처럼 보이도록 홍보하기도 하고, 사람들은 부러워한다. 이런 일이 골프에서만 일어나는 것은 아니고 최근 추세이니 비난하고자 소개한 내용은 아니다.

여기서 집중하고 싶은 것은, 골프를 즐기는 사람들에게 있어 골프 패션이 종종 중요한 이슈라는 점이다. 동반자와 색상을 맞춰 입기도 하고, 특정 드레스코드를 정해서 경기 내내 이를 통한 즐거움을 나누기도 한다. 골프의 재미를 상승시켜 주는 일일 수 있다.

또 어떤 사람들은 패션에 너무 무관심하다. 트레이닝복 바지, 등산복을 입고 오는 경우도 있다. 어느 쪽이 맞고 틀리다고 말하기 어렵지만, 이렇게 제안하고 싶다.

지나치게 허영을 부릴 필요는 없지만, 골프라는 스포츠를 효과적으로 즐길 만한 복장은 갖춰 입는 것이 어떨지? 나머지 세 명의 멤버와 함께하는 시간인 만큼, 그들의 취향도 조금 존중해 주면서 말이다. 누군가는 진지한 마음가짐으로 복장을 갖추어 입었는데 누군가는 집에서 입던 대로 왔다면, 상대가 나를 존중하지 않는다는 느낌을 받게 될지 모르니까.

▶ 허영은 마음속에 너무나도 확고히 자리 잡고 있기 때문에, 모든 사람은 사랑받기를 원한다. 이것을 쓰고 있는 나조차도. 그리고 이것을 읽는 너조차도 말이다.

- 블레즈 파스칼

프랑스의 수학자이자 철학자

10

잔소리
꼰대와의 라운딩

1. 직장 상사/선배

2. (시)부모님

3. 세대차이 나는 사람

라운딩 멤버로 누가 가장 불편할까?

답은 셋 다.

가끔, 캐디님 자리 외 남은 네 자리 중 어디에 앉을지 결정하는 일도 쉽지 않다. 캐디님에게 물어보았다.

"사람들은 대체로 어떤 기준으로 앉나요?"

덩치가 큰 사람이 앞에, 남1 여1이면 여성이 앞에, 남2 여2 부부면 서로 앞에 앉으려고 한다고 했다. 그런데 언제나 이보다 앞서는 기준이 있다고. 바로 연장자 앞자리.

나의 라운딩 멤버 중에는 나이 차이가 꽤 나는 분들도 있다. 젊게 사는 분들이 많아서 그다지 불편함을 느끼지 못하지만, 시쳇말로 '꼰대'와의 라운딩은 성격 좋은(?) 나로서도 참 힘든 시간이다.

특히 소싯적 공 좀 쳤다 하는 분들은 더하다. 아마도, 본인의 소싯적 어려움을 내가 똑같이 겪지 않기를 바라는 마음에 건네는 간섭이리라. 해도 해도 너무하다 싶을 때는 실력이 부족한 내가 너무 싫어진다. 내 공을 그분 공과 반대 방향으로 보낼 수 있을 만큼 공을 잘 친다면 얼마나 좋을까?

한번은 친구의 어머니와 라운딩한 적이 있다.

어머니는 오랜 구력으로 실력이 꽤 좋으신 편이다.

여느 부모가 그렇듯, 친구가 스윙을 할 때면 어머니는 매의 눈으로 관찰하고 반드시 사랑의 조언을 아끼지 않았다.

"좀 더 오른쪽 봐야 할 것 같은데?"라고 말씀하셨고, 친구는 머뭇거리다가 살짝 오른쪽으로 어드레스 방향을 수정했다.

안타깝게도 공은 목표 지점보다 많이 오른쪽으로 향했다.

순간 친구의 고개가 삐딱하게 돌아갔고, 고개보다 눈알이 더 큰 각도로 어머니를 향했다. 공포스러웠다.

어머니는 잠시 시선을 피하고 딴청을 피우셨다. 그리고 한마디 더 보태셨다.

"허리 턴이 덜 됐네. 몇 번을 얘기해도 안 고쳐지네?"

끄덕
끄덕

좋아하고 잘 맞는 멤버만 골라서 라운딩할 수 있다면 좋겠지만, 그렇지 못할 경우도 생긴다.

어떻게 해야 할까?

- 스윙 전 잔소리 피하는 방법 :

어드레스 들어가서 바로 잠시 동안 눈을 감는다. 우리는 눈 감은 사람에게 말 걸기는 어렵다.

- 스윙 후 잔소리 피하는 방법 :

잔소리가 시작되면 적절한 타이밍에 치고 들어가서 말한다.

"아~ 그렇구나. 그럴 수 있겠네요. 사실 제가 최근에 프로님이 새로 알려 주신 방법으로 연습하고 있거든요. 그래서 오늘 일단은 계속 그 방법대로 해 보려구요. (그러니 조용히 좀 하세요.)"

결과가 궁금하신 분은 직접 해 보시길 바란다.

⚑ 나이가 성숙을 보장하지는 않는다.

- **라와나 블랙웰**

미국의 작가

11

의도와 태도
친절을 가장한 무례함

　부킹하고 멤버를 구성하는데 한 자리가 비어서 친구에게 지인을 데려와 달라고 했다. 마침 일정이 맞는 사람이 있다며 라운딩 날 만나자고 했다.

　나는, 내 친구의 친구는 곧 나의 친구인 셈이라고 생각하는 편이다. 당연하게 처음부터 호감으로 대했다.

　시원시원한 성격인 것 같다고 생각했다. 조금 오버인 느낌이 있지만 캐디님과도 털털하게 대화하는 모습이 보였다. 파4 홀에서 오늘 처음 만난 친구의 세컨샷으로 공이 그린에 안착했다.

　"나이스 온~."

　그 친구가 약간 흥분된 상태인 것을 알 수 있었다.

　캐디님이 신중하게 공을 놓아 주셨다.

스파이더 자세로 공의 라이*를 확인한 그 친구는 고도의 집중력으로 버디를 성공시켰다.

"나이스 버디~!!"

모두가 기뻐했다. 문제는 그때부터였다.

기분 좋게 홀아웃**하고 카트로 돌아왔는데 그 친구가 이렇게 말했다.

"아~ 내가 우리 캐디님 팁 챙겨 주려고 엄청 애썼는데 드디어 잡았네. 훗. 어때요, 캐디님? 엄청 고맙죠? 거봐요. 캐디들도 고객을 잘 만나야 한다니까~. 자, 여기 있어요, 팁!"

내가 다 민망할 정도였다. 어쩜 멘트가 저리도 변변치 않단 말인가.

라운딩 중 버디를 하면 캐디님께 팁을 드리는 경우가 왕왕 있다. 라이를 잘 봐 주셔서 고맙다는 의미로 드리기도 하고, 버디 팁을 드려야 또 버디를 할 수 있다는 미신 같은 것을 믿는 사람도 있는 것 같다. 어쨌든 취향대로 하면 된다. 그런데 그걸 저렇게 티를 내다니.

부끄러웠지만 한 번은 그냥 넘어갔다. 캐디님도 별 반응 없이 친절하게 웃으시며 감사의 의미로 그 친구에게 선물을 하나 주셨다.

---

* 라이(Lie) : 공이 지면에 놓여 있는 상태로 지면의 상황에 따라 셋업이나 스탠스가 달라진다.
** 홀아웃 : 해당 홀 그린에서 경기를 마치고 다음 홀로 이동하고자 빠져나가는 것

이 또한 캐디님 취향이지만 버디팁을 받은 캐디님들 중 티Tee, 인형이 달린 티, 귀여운 열쇠고리, 볼마커 등을 선물로 주시는 분들이 있다. 친구가 받은 선물은 귀여운 열쇠고리였다.

"아~ 저 주시는 거예요? 아하하, 됐어요~. 저 이런 거 안 써요. 나중에 다른 분 주세요. 아, 그거 마음에 들면 그냥 캐디님 가지시든가요. ㅎㅎ"

얜 뭐지? 매우 당황스러웠다. 다행히 캐디님이 부드럽게 잘 받아넘겨 주셨다. 내 얼굴이 험악해지자 새로운 친구를 데려온 오래된 친구가 말했다.

"아, 쟤가 나쁜 애는 아닌데…. 말이 좀 얄밉지만, 좋은 의도로 저러는 거야~."

내가 말했다.

"의도가 아니라 태도가 문제야."

정정한다. 친구의 친구가 반드시 친구인 것은 아니다.

우리는 종종 이런 실수를 한다. 친절을 가장한 무례함. 주의해야 하겠다. 그러고 보면 골프는 정말 좋은 운동이면서 동시에 마음훈련의 기회인 것 같다.

> ⚑ 무례함이란, 약자가 강한 척하는 것이다.
>
> – 에릭 호퍼
>
> # 미국의 사회철학자

12

조인 골프

모르는 사람과 공을 친다고?

"골프는 본인 상 외 취소 불가다."라는 말이 있다. 그만큼 취소자가 생기면 대체자 찾기도 어렵기 때문이다.

이 말 자체는 표현이 지나치게 강한 느낌이 있어서 거부감이 들지만, 공감은 된다. 네 명의 멤버를 채워야 하는데 멤버 모집이 안 되거나 갑자기 한두 명이 빠지는 경우가 생긴다. 나도 한번 일이 생겨서 빠진 적이 있는데 마음이 매우 불편했다. 경우에 따라 빠지는 사람의 비용을 나머지 멤버가 다 지불해야 하는 상황도 생기기 때문이다.

그러다 보니 멤버 구성이 쉽지 않아서 라운딩을 포기하는 경우도 많다. 특히 초보 때는 일정한 간격으로 라운딩을 나가서 익숙해지는 것이 중요한데, 원하는 날짜와 멤버로 라운딩을 가는 것이 참 어렵다. 결국 동호회에 가입해서 라운딩 참여 확률을 높이거나, 나와 비슷한 고민을 하고 있는 사람들을 찾아 조인 플레이를 할 수밖에 없다.

그래서 궁여지책으로 '조인'이라는 옵션을 떠올리게 되었다. 상상도 해 본 적 없다. 4시간 넘게 모르는 사람과 운동을 즐긴다니. 그런데 내가 그걸 하고 있다.

처음에는 굉장히 어색하고 조금 무섭기도 했다. 어떤 사람을 만날지 모르니까. 엄격한 어르신일 수도 있고, 무서운 남성 세 명과 치게 될 수도 있다. 물론 그들이 나를 더 무서워할 가능성도 꽤 높지만.

뭐든 처음이 어렵다고 했던가?

친구와 둘이 2:2로 조인을 경험한 후로 자주 조인을 해 봤다. 앱으로 검색하면 구력, 성별, 멤버 구성 등의 조건을 확인하고 조인 대상을 고를 수 있다.

다녀와서 알게 되었다. "아, 이 사람들 골프에 진심이구나."

배울 점도 많더라.

매번 비슷한 멤버와 다니다 보니 사용하는 용어나 룰에 대한 정보가 한정적인데, 다양한 사람들과 만나 보니 몰랐던 정보를 많이 알게 된다. 골프 매너에 빠삭한 사람도 있고, 상상도 못 해 본 내기 방법을 알려 주기도 한다.

어설프게 조언하거나 간섭하려는 사람이 있으면 어쩌나 했지만, 그런 일은 한 번도 없었다. 서로의 성향이나 매너가 좋았다고 느껴지는 경우에는 다음에도 같이 조인하자는 약속을 하기도 한다.

그러니 기회가 된다면, 조인 플레이를 해 보는 것도 추천한다.

▶ 좋은 일, 좋은 사람, 좋은 삶을 만나려면 간단한 준비물이 있다. 좋은 나.

- **최대호**

작가. 《읽어보시집》,《솔직히 말하자면, 괜찮지 않아》, 《평범히 살고 싶어 열심히 살고 있다》 저자.

13

부킹

골프장 예약 방법과 기준

우리나라 골프장은 도대체 몇 개나 될까? 2022년 18홀 기준 골프
장 수는 499개라고 한다. 글로벌 8위, 아시아 2위의 기록이다(근거:
한국골프장경영협회, 문화체육관광부의 등록 체육시설 현황, 육·해·공군 체력단
련장 정보).

또한 한국레저산업연구소가 발간한 《레저백서 2022》에 따르면
우리나라 골프 인구는 564만 명으로, 2023년 2월 우리나라 인구수
5,155만 명을 기준으로 약 10%를 웃도는 수준이다. 10명 중 1명 이
상이 골프를 즐기고 있으며, 이는 코로나바이러스 대유행 전이었던
2019년 470만 명이었던 것에 비해 20%나 급증한 숫자이다.

하긴, 내 주변만 해도 반 이상은 골프를 즐긴다.

많은 사람들이 골프를 치다 보니 함께할 멤버가 많아서 좋긴 한

데, 골프장 공급에 비해 수요가 넘치다 보니 성수기에는 골프장 예약이 하늘의 별 따기다.

검색을 해 보면 골프장을 부킹하는 앱들이 있다. 내 스마트폰에도 서너 개 깔려 있다.

나는 부킹할 때 두 가지 방법을 이용한다. 부킹 앱 검색, 그리고 골프장 홈페이지에서 직접 예약. 주로 부킹 앱에 원하는 조건의 골프장이 없을 때 홈페이지를 방문한다.

골프장마다 운영 방침이 다르다. 2달 전, 4주 전, 3주 전부터 예약을 받는 곳부터, 사연을 보내면 뽑아 주는 방식을 부가적으로 운영하는 곳도 있다. 나도 한 번 이용을 했는데 고등학교 친구들끼리 추억을 만들고 싶다고 사연을 냈더니 연락이 왔었다.

YAY~. 기념품 같은 거라도 주려나? 했는데 부킹된 이후에는 아무 관심이 없더라.

꼭 가 보고 싶은 곳이 있으면 작전을 펼쳐야 한다.

네 명의 멤버 전원이 참여한다. 한 개 날짜에 모두 도전하는 인해전술을 펼치기도 한다. 만약 두 명 이상 당첨될 경우, 한 명을 제외한 나머지에게 발생하는 패널티(노쇼의 경우 3~6개월간 예약 금지 등을 운영하는 골프장 정책)는 감수한다.

혹시라도 라운딩 멤버 중 누군가 골프장을 예약하고 일정을 묻는다면 일단은 칭찬을 해 주길 바란다. 그만큼 쉽지 않은 일이고 나를 대신해서 시간을 내 준 점이 고마우니까.

예약도 어렵지만, 골프장 고르는 기준도 사람마다 다양하다.

개인적으로는 이동 시간이 긴 골프장, 티옵 시간을 잘 지키지 않고 게임이 늘어지는 골프장, 지나치게 비싼 골프장, 직원들이 친절하지 않은 골프장, 주차공간이 멀리 있는 골프장은 별로다.

한번은 우리가 주문하지도 않은 항목이 영수증에 올라와 있었는데 집에 와서 알게 되었다. 전화해서 환불받는 과정이 매끄럽지 않았고, 다시는 그 골프장에 가고 싶지 않다고 생각했다.

이 모든 내용 중 대부분의 사람들이 공통적으로 중요하게 생각하는 항목이 있다. 바로 '그린 관리'에 대한 것이다. 아무리 저렴하고, 친절하고, 가까워도 잔디가 엉성하고 패여 있으면 꽝이다.

우리는 시간과 비용을 들여서 골프를 '즐기러' 간다. 18홀 도는 동안의 시간이 가장 중요하다. 한 시간 줄을 서서 들어간 식당의 음식이 눈물 날 만큼 맛있다면, 그걸로 되었다.

> ⚑ 사람의 손으로 만든 모든 것은 반드시 아름답거나 추한 모습을 띠게 된다. 만약 자연과 조화를 이루면 아름다운 것이고, 자연과 조화를 이루지 못하거나 자연에 위협을 가하면 추한 것이다.
>
> **- 윌리엄 모리스**
>
> # 영국의 시인, 공예가

14

여름 시즌

얼음주머니를 준비하세요

나 : "봄, 가을이 골프 치기 좋죠."

지인1 : "아뇨. 골프는 사계절 운동이에요. 여름에는 야간에 치면 시원
하고, 겨울에는 해외 가면 되니까요."

억지라고 생각했지만 실제로 사계절 내내 골프장에 가는 사람은
의외로 많다. 특히 최근 야간에 운영하는 골프장이 늘어나면서 여
름은 더 이상 골프 휴식기가 아니다. 야간 라운딩은 대체로 17시 이
후 티옵이라 운이 좋으면 직장인들도 퇴근 후 즐길 수 있다.

그런데 야간 라운딩을 할 때는 몇 가지 기억할 점이 있다.

우선 골프장마다 라이트 밝기에 차이가 있다. 어떤 골프장은 라
이트를 매우 많이 설치해서 눈이 부실 지경이고, 어떤 골프장은 공

이 잘 안 보인다. 그나마 캐디님이 잘 찾아 주면 다행인데, 그렇지 못할 경우를 대비해 공을 많이 준비해야 한다.

공만큼 잃어버릴 수 있는 게 티이다. 어떤 사람은 스윙하면 공만 날아가는데 어떤 사람은 티가 함께 날아간다.

티가 날아가면 답이 없다. 티박스 티샷 라인에 스포트라이트가 집중되지만 그 주변은 아니기 때문이다. 알다시피 티샷은 순서대로 치고 빠져 줘야 하는데 티 찾겠다고 그 앞을 서성거리면 곤란해진다.

그래서 요즘은 야광 인형이 달린 티도 판매한다. 평소에는 반응이 없다가 충격이 가해지면 야광 인형이 반짝반짝 빛을 낸다. 5초쯤 지나면 꺼진다.

야간은 비교적 밀리지 않고 경기가 진행된다. 다들 끝나고 집에 돌아갈 생각을 하면 결코 늘어질 수 없기 때문이다. 6시에 시작하면 10시 넘어서 끝나고 샤워라도 하고 출발하면 12시를 훌쩍 넘어 집에 도착한다.

금요일 야간 라운딩 부킹이 쉽지 않은 이유다.

또 한 가지 주의할 점이 있다.

여름이라고 바람을 얕잡아 보면 안 된다. 대부분의 골프장은 산속에 위치하고 있다. 한여름 복장으로 갔다가 감기에 걸리지 않으려면 바람막이 정도는 필수로 가져가야 한다.

혹시 여름철 낮에 라운딩을 가야 한다면 당연히 새벽 시간이 좋다.

그게 어렵다면 몇 가지 아이템을 장착하면 도움이 된다.

- **얼음주머니** : 열이 심하게 날 때 머리에 올려 두면 해열에 도움이 되는 그 주머니다.
- **팔토시** : 더울까 봐 안 쓰는 사람이 있는데 한여름에는 쓰나 안 쓰나 덥다. 팔뚝이 빨갛게 익는 상황이라도 방지해 보자.
- **선블럭/선패치** : 자외선 차단은 필수다.
- **캡가드/캡쉴드** : 모자 안쪽에 붙이는 땀 흡수 패드다. 모자를 매번 빨 게 아니라면 도움이 된다.
- **선글래스** : 눈부심 현상을 막을 수 있지만 땀이 차는 단점이 있다.

추가로, 여름철에 신발과 장갑은 냄새가 날 수 있으니 통풍이 잘 되는 곳에 보관해야 한다.

> ⚑ 삶은 새로운 것을 받아들일 때만 발전한다. 삶은 신선해야 하고 결코 아는 자가 되지 말고 언제까지나 배우는 자가 되어라. 마음의 문을 닫지 말고 항상 열어 두도록 해라.
>
> **- 오쇼 라즈니쉬**
>
> \# 인도의 명상가이자 철학자

15

겨울 시즌
스코어는 포기하세요

"같이 동계훈련 가시죠, 선배님."

지인에게 연락이 왔다. 누가 들으면 무슨 태릉…은 옛날 사람이고, 진천 선수촌 사람인 줄 알겠다.

가을까지 같이 종종 라운딩을 갔고, 이제 겨울인데 여전히 라운딩을 가자는 얘기다. 추운데 무슨 라운딩이냐, 얼어 죽을 일 있냐, 난 추울 때 공 못 친다, 라며 거부했다.

지인1 : "따순 데 가서 하면 되죠. 제주도 가시죠."

나   : "제주도라고 안 춥냐? 겨울이라고~."

지인1 : "제주도는 쭉 영상입니다~. 서울보다 5~10도씩 높아요."

내 주위 사람들은 어째서 이다지도 열정이 넘칠까? 벌써 다 알아봤구만.

제주에는 약 30개의 골프장이 있는데, 2인 또는 3인으로 라운딩이 가능한 골프장이 꽤 된다. 공을 치는 동안 한라산 뷰, 제주 앞바다 뷰를 구경하는 재미도 누릴 수 있다.

반면에 바람이 많은 제주 특성상 라운딩에 지장을 받는 경우도 생긴다. 무엇보다 특이한 점은 '한라산 브레이크'라고 불리는 마운틴 브레이크의 착시효과이다.

한라산의 영향으로 그린의 경사가 눈에 보이는 것과 다른 현상을 경험하게 되는데 제주에서는 흔한 일이다. 그래서 그린 주변에 한라산이 어느 방향에 위치하고 있는지 알려 주는 표지판을 꽂아 두기도 한다.

높은 산 주변의 골프장에서는 내리막 경사가 오르막으로, 오르막 경사가 내리막으로 보일 수 있다. 이때, 산 방향이 높다는 것을 감안하고 퍼팅을 해야 한다. 보통 캐디님이 잘 알려 주지만, 경사도를 안내해 주는 앱도 나와 있으니 사용해 봐도 좋겠다.

사실 겨울 라운딩을 할 때는 스코어에 대해 마음을 비워야 한다. 영하의 날씨라면 발열 내복, 방풍 골프복으로 무장해야 할 테고, 옷을 두껍게 입으니 스윙이 마음처럼 되지 않는다.

밤새 그린이 얼어 버렸다면 멋진 스윙으로 공을 온그린시켜도 막상 가 보면 공이 안 보인다. 딱딱한 그린이 공을 받아 주지 못한 탓

에 한참을 굴러가 벗어나 버리는 경우가 많기 때문이다. 자칫 집중이 흩어져 스윙하다 땅이라도 치는 경우에는 딱딱한 땅과 부딪친 클럽의 진동이 몸에 전해져 충격이 클 수도 있다.

그럼에도 불구하고 도전하고 싶다면, 붙이는 핫팩으로 단단히 무장하고 1시간 이상 스트레칭도 하길 바란다. 건강해야 오래오래 골프를 즐길 수 있으니까!

⌐ 열정은 마법이다. 열심히 일할수록 운이 더 좋아지고 열정을 쏟은 일은 거의 성공한다.

− 로버트 앤서니

#《나를 믿는 긍정의 힘 자신감》 저자

16

초보의 비애
기본 매너

똑딱이는 보통 아이언 7번이나 6번으로 한다.

초보 때는 다룰 수 있는 채가 몇 개 되지 않아서 라운딩에서 서너 개의 채만 사용하고 오기 일쑤다. 드라이버, 7번, 샌드, 퍼터 정도. 뭣 하러 무겁게 다 싸 들고 간 건지.

라운딩에 허용된 최대 클럽 수는 14개다. 4개만 가져가는 것은 상관없지만 15개는 안 된다는 얘기다.

그날은 유독 자신감이 넘쳤던 것 같다. 전날 연습장에서 꽤 잘 맞아서 기분이 좋았기 때문이다.

남성 멤버와 함께였고 대기 중이었기에 화이트티 옆 빈 공간에서 호기롭게 연습 스윙을 했다. 그 순간, 캐디님이 마치 날아오는 바위를 피하듯 몸을 돌리며 소리쳤다.

캐디님 : "어머! 사람 방향으로 연습 스윙 하시면 안 돼욧!!"

너무 쎄게 혼나서 얼음이 되었다. 생각해 보니 작은 돌이라도 클럽페이스에 맞아 튀었다면 정말 위험할 뻔했다.
이후 한참 라운딩을 하다가 또 한 번의 비명을 듣게 된다.

캐디님 : "돈가스 정리하고 가셔욧!"

'돈가스?? 누구 얘기지?' 하며 내 공을 향해 걸어가는데 캐디님이 다가왔다.

캐디님 : "회원님, 본인이 만든 돈가스는 본인이 처리하시는 게 좋습니다."
나　　 : 네?? 돈…???"

골프채로 공을 치다 보면 잔디를 퍼 올리게 되는 경우가 있는데, 비교적 큰 사이즈로 떨어져 나가는 잔디 덩어리를 그렇게 표현하나 보다. 그 잔디를 가져다 파인 곳에 덮어 두면 다시 자란다고 한다.
세 번 혼나지 않겠다는 의지로, 벙커샷 후 고무래로 모래를 잘 다지고 빠져나오며 뿌듯해한 것도 잠시. 마지막 비명은 아홉 번째 홀에서 터져 나왔다. 티샷 어드레스의 순간.

캐디님 : "배꼽 나왔어욧!!"

얼른 고개를 숙여 그곳(?)을 보았으나, 그럴 리 없지 않은가? 가을
이라 비교적 여러 겹 입었으니까.

캐디님이 다가와서 티와 공을 뽑아서 약간 뒤로 꽂아 주며 말씀
하신다.

캐디님 : "두 개의 양쪽 빨간 표식을 연결해서 그 선상이 티잉 구역이라
고 생각하시면 되구요, 공은 그 티잉 구역 안쪽(플레이 방향 뒤
쪽)에 꽂으셔야 해요. 발은 벗어나도 상관없지만요."

①연습 스윙 나한테 하지 마, ②돈가스는 직접 처리해, ③배꼽
좀 내놓지 마! 3진 아웃이다. 급 우울해졌다.

다행인 건 이제 그늘집이라는 사실.

맥사(한여름에 딱 좋은 맥주5 : 사이다5 비율의 음료)를 들이켜고 있자니
누군가가 어설픈 위로의 말을 전한다.

지인1 : "캐디님하고 친해지는 방법 알려 줄까? 드라이버 치고 나서 필
요할 것 같은 채를 미리 두세 개 챙겨서 들고 다녀 봐. 캐디님
일이 줄어서 좋아할걸?"

오호라. 그 때문일까? 후반전은 혼나지 않았다.

라운딩 결과는 어땠냐고? 골프 매너 세 가지를 배웠다는 점에
만족!!

> ⌐ 나는 언제나 배울 준비가 되어 있지만, 가르침 받는 것을 항상 좋
> 아하는 것은 아니다.
>
> **- 윈스턴 처칠**

17

플레이 속도

스윙은 천천히, 이동은 빠르게

나도 초보일 때 다른 초보의 첫 라운딩을 함께하게 되었다.

내가 백돌이였을 때다. 친한 친구가 부탁해서 함께하게 되었고, 깊은 반성을 했다.

무엇을? 나의 과거를.

지금이라도 마음을 전하고 싶다. "저와 함께 첫 라운딩을 해 주셨던 분들 감사합니다. 참으로 성격이 좋으시군요."라고.

친구는 연습을 시작한 지 약 4개월이 되었다고 했다. 4일 아니고?

대체 우드는 왜 잡는 거니? 7번이나 치렴. 7번으로 100m도 날리고 30m도 날리는구만. 7번으로 데굴데굴 굴러가는 러닝 어프로치도 할 줄 아는 너는 선수?

그나마 3인 플레이로 출발했고, 캐디님께 미리 사죄의 뜻으로 팁도 넉넉하게 드렸기에, 오늘 퍼팅 라인은 내가 본다! 라는 생각으로 라운딩에 집중하던 그때.

"이번 홀은 그린에 가서 치실게요."

캐디님이 말했다.

잉? 방금 티샷 했는데??

그랬다. 캐디님이 우리를 배려해서 빨리 치라고 말을 하지 않았던 것뿐이지 3인 플레이였으나 5인 플레이 속도였던 것이다.

나와 다른 멤버가 치고 나서 첫 라운딩인 친구가 3~5회 치는 상황이 반복되었다.

철푸덕, 헛스윙, 공 못 찾기 3종 세트를 구경하던 중, 캐디님께서 제안하셨다.

"회원님들, 지금부터 레디골프 하시면 어때요?"

레디? 레이디? 우린 이미 레이디들인데?? 흠흠.

설명해 주셨다. 요즘은 시간을 절약하기 위해 준비된 사람부터 치는 룰이 생겼고, 멤버들과 '지금부터 레디골프 합시다!'라고 합의하면 플레이 순서와 상관없이 준비된 선수부터 플레이할 수 있다는 것이다.

물론 너무 앞서서 먼저 나가며 플레이하면 다른 사람의 공에 뒤통수를 맞을 수도 있으니 너무 혼자서만 미리 나가서 치는 것은 안 되겠지만.

사실, 잘 치는 사람의 공보다 초보자의 공이 더 위협적인 법이니까 더 조심해야 한다.

초보일 적을 생각해 보면, 안 그래도 정신없는데 그 누구보다 공 치는 횟수가 많다 보니 카트 탈 일이 별로 없고 체력적으로도 힘들고 많이 걷게 된다. 그나마 민폐를 벗어나는 방법은 이것뿐이다.

웃자. 스스로 재미있다고 말하자. 그래야 다른 멤버들이 안심한다.

그리고 한 가지 더 기억할 점. 공을 칠 때는 천천히, 공으로 이동할 때는 빠르게.

⚑ 골프는 인생의 반사경이다. 티샷에서 퍼팅까지의 과정이 바로 인생의 항로다. 동작 하나하나가 바로 그 인간됨을 적나라하게 드러낸다.

– 윌리엄 셰익스피어

\# 영국의 극작가

18

골프 용어
태환아, 네가 아너야

"뽀오오오올~~."

캐디님들은 발성 연습을 미리 하시는 건가 싶다.

티샷이 어느 계곡을 향해 날아갈 때 내 귓전에 대고 소리를 지르는 캐디님의 외침이다.

그렇게 민망할 수가 없다.

오비Out of Bound. 영역을 벗어났다는 말이다.

순식간에 2개 타수를 잃어버렸고, 공도 잃어버렸다. 심지어 내 공이 누군가를 해칠지도 모른다니.

그런데 사실 '뽀오올Ball~'이 아니라고 한다. '포어어Fore~'라고 외친 것이라고 한다. 골프에서 'Fore'는 '앞을 보세요, 공 갑니다' 등의 의미로 사용된다.

사실 나는 지금도 '포어어'보다 '뽀오올'이라고 외치긴 한다.

말 나온 김에 몇 가지 용어를 더 살펴보자.

전 홀에서 적은 타수를 기록한 사람이 이번 홀에서 티샷을 먼저 하게 된다. 이걸 아너Honor라고 하는데 많은 사람들이 오너Owner라고 부른다. 골프에서 아너는 먼저 플레이할 수 있는 특권에 해당한다. 그런데 발음이 비슷해서 잘못 해석하여, '이번 순서의 주인'의 뜻으로 오너라고 부르게 된 것이다.

알아 두자. "태환아, 이번 홀은 네가 아너야."가 맞는 표현이다.

아직도 입에 안 붙는 용어도 있긴 하다.

직경 4.267cm, 무게 45.93g. 손에 쏙 들어올 만큼 작고, 건드리지 않으면 가만히 있는 골프공. 이것을 넣지 못해 안달인 구멍이 바로 홀이다. 홀의 지름은 10.8cm, 깊이는 10.0cm. 공의 두 배 정도의 크기인데도 참 넣기가 힘들다.

바로 이 용어다. 홀. 보통 홀컵이라고 부른다.

그런데 생각해 보면 홀과 컵은 비슷한 용어라 중복된다. 지금부터라도 홀이라고 불러 보자.

가끔 혜자로운 골프장이 있다. 빅홀을 박아 놓은 그린을 운영하는 곳이다. 적어도 2~4배 사이즈의 빅홀도 본 적이 있다. 눈으로 보면 홀이 엄청 크다.

막상 치면? 글쎄.

하여간 초보는 쨍그랑 소리 듣기가 참으로 어렵다.

정리하면, 다음과 같다.

- 뽀올(×) ➜ 포얼(○)
- 오너(×) ➜ 아너(○)
- 홀컵(×) ➜ 홀(○)

▌ 신사들이 골프를 한다. 시작했을 때 신사가 아닐지라도 이 엄격
한 게임을 하게 되면 신사가 되고 만다.

- 빙 크로스비

미국 영화배우이자 가수 .
PGA투어 페블비치 프로암을 만들기까지 한 열렬한 골프 애호가.

19

그린 보호

그림자 구찌는 넣어 두세요

처음에는 양손 장갑을 꼈다. 내 손은 소중하니까.

한쪽만 끼는 것이 폼이 산다는 사람도 있고, 그립 잡는 감을 느끼려면 한 손이라도 장갑이 없어야 좋다는 사람도 있다.

다양한 이유로 양손 또는 한 손 장갑을 낀다.

나도 최근에는 한 손만 끼지만, 퍼터를 잡을 때는 그마저도 벗는다. 내 느낌에도 퍼터는 장갑 없이 때리는 것이 감이 좋다고 느껴지기 때문이다.

그날은 비교적 기분 좋게 라운딩을 하고 있었다. 내 공이 그린에 올라갔고, 나의 위치에서 다소 먼 위치로 굴러가는 것을 확인했다.

장갑을 빼며 서둘러 공 있는 위치로 이동했다. 총총총.

이제 이 정도는 알지 않던가? 그린 위에서는 뛰지 말고 살포시 걸어야 하며, 공으로 이동할 때는 그린을 피해서 바깥으로 돌거나 적어도 멤버들 공이 지나갈 라인은 피하는 것.

공 앞에서 연습샷을 몇 번 하고 나서 공에 퍼터를 가져다 대었다.

아뿔. 공이 살짝 움직인다.

7미터 샷을 해야 하는데 잘못해서 살짝 건드린 것이다.

자동적인 반응이 나왔다. 미어캣처럼 고개를 들어 멤버들 눈치를 살핀 것이다.

지인1 : "어~ 못 봤어. 쳐~."

아, 얄미워. 그냥 못 본 척해도 될 걸.

다행히 나는 오케이를 받았고, 이제 다른 멤버의 퍼팅 순서가 되었다.

버디 찬스였다.

내 버디가 아니라 남의 버디지만 심장이 쫄깃해졌다. 숨을 들이켜고 얼음이 되어 있었는데 속삭이듯 누군가 말해 줬다.

"그림자…."

긴장해서 알아차리지 못했는데 내 그림자가 공과 홀 사이에 드리워져 있었다.

아차. 그림자가 보이면 그린 경사나 굴곡에 대한 왜곡이 생기니까 비켜 줘야 한다고 했지!

살포시 뒷걸음질 쳐서 그림자를 치웠다.

두근두근.

"나이스 버디~~~!!"

휴. 다행히 그림자 타박을 받지 않을 수 있었다.

마지막 멤버가 퍼팅할 차례였다. 버디한 사람이 자신의 공을 빼기 위해 홀에 손을 넣으려다 상황을 살피더니 공을 빼지 않고 물러선다. 공을 빼려면 홀 주변을 밟아야 하는데 다음 차례가 남았기 때문이다.

잠시 고요한 정적이 흐르고 마지막 멤버까지 무사히 공을 홀에 집어넣었다. 모두가 행복한 순간이다. 나… 빼고?

홀 주변 30cm 이내는 발로 밟지 않는 것, 상대방 퍼팅 라인 중심으로 그림자 또는 방해되는 움직임을 만들지 않는 것, 그린 위에서는 뛰지 않는 것. 이 모든 것은 골프 매너이기도 하지만, 나의 스코어를 위한 일이기도 하다.

⚑ 골프는 용사처럼 플레이하고 신사처럼 행동하는 게임이다.

- 데이비드 로버트 포건

스코틀랜드의 은행가이자 아마추어 골프 선수.
《Golfer's Creed》의 저자.

20

이완(2)
잠이 오지 않아요

나는 청첩장을 받으면 봉투만 보낼지, 직접 가서 축하하고 사진도 찍을지 정하는 기준이 있다. 나보다 어리면 안 가고, 나보다 나이가 많은 언니의 결혼식은 간다. 심플하다. 어린 것이 나보다 먼저 가는데 시집 못 간 내가 박수 치고 앉아 있으면 처량하니까!

하지만 부고가 뜨면 기준이 좀 달라진다. 가슴에 맡긴다. 소식을 듣고 슬픈 감정이 강하거나, 내가 그 사람이라면 상대가 와 주면 좋겠다 하는 생각이 들 때 거리와 시간을 불문하고 간다.

그날은 갑자기 들려온 부고에 깊은 슬픔을 느꼈다. 이것저것 따질 겨를 없이 차를 몰고 김해로 향했다.

도착했을 때는 이미 점심시간이 훌쩍 지나 있었다. 조문을 하고, 지인과 마음을 나누고, 내 마음도 좀 수습하고 나니 서너 시간이 흘렀다. 마음이 무거웠지만 내일도 새벽에 일어나야 했기에 떨어지지 않는 발걸음을 옮겼다.

서울로 돌아오니 시계가 밤 11시를 가리키고 있었다. 샤워를 하고 자리에 누웠지만 쉽사리 잠이 오질 않았다.

그런 날이 있다. 오늘 있었던 일이 마음에 남아 침대 이불 속까지 따라 들어오는 일.

잠시 뒤척이다 벌떡 일어났다. 오늘 밤 불청객과 같이 잘 순 없었다. 이럴 때는 억지로 잠을 청하기보다 남아 있는 슬픈 감정을 다스리고 눕는 것이 효과적이다.

포트에 물을 끓였다. 카페인이 포함되지 않은 차를 꺼냈다. 끓는 물을 부어 물 색이 바뀌는 것을 바라보다가 차를 마셨다.

온몸이 따뜻해진다.

크게 숨을 한번 들이쉬고 길게 내쉬었다.

순간 답답했던 가슴이 서서히 풀어지며 이완되는 느낌이 들었다.

딱딱했던 몸이 몽글몽글해지며 아랫배, 그리고 발끝까지 편안해졌다.

한 모금 더 마셨다.

깊게 숨을 들이쉬니 차의 향기가 선명하게 느껴졌다.

향이 참 좋구나, 하며 기분이 좋아지고 마음이 안정되었다.

오롯이 차를 마시다 보니 다른 생각은 나지 않는다.

이제 다시 침대로 돌아왔다. 생각이 줄어든 상태의 뇌는 숙면할 준비가 되었다.

전날 과음을 하거나, 몸이 피곤한 일, 또는 마음이 불편해서 잠을 푹 자지 못하는 일이 생기면 다음 날 라운딩에 지장을 받을 수 있다. 이럴 때 오롯이 차 한잔 마시는 시간을 가지면 불편한 감각이나 생각에서 벗어날 수 있다.

감정조절이 어려울 때

'오감으로 차 마시기'

❶ 적당량의 물을 끓이고 차를 준비한다.

❷ 컵에 차를 넣고, 물 따르는 소리에 집중한다.

❸ 잠시 컵을 양손으로 잡고 따뜻한 촉감을 느낀다.

❹ 차가 우려지는 동안 찻물 색이 변하는 것을 바라본다.

❺ 컵을 들어 올려 차의 향을 맡는다.

❻ 차에서 느껴지는 따뜻함과 습기를 알아차리며 한 모금 마신다.

❼ 입안에서 느껴지는 맛과 온도의 변화에 집중한다.

❽ 차가 목을 타고 내려가는 감각을 따라가 본다.

❾ 가슴과 배의 힘을 툭 풀고 편안하게 이완한다.

위의 ❺~❾ 과정을 몇 차례 반복하고 잠자리에 든다.

라운딩 중

21

이완(3)
스코어를 줄이고 싶어요

안성 베네스트CC 13번째 홀.

지인1 : "이열~ 이제 몸 풀렸나 보네! 치는 족족 잘 맞네?"

다른 사람이 봐도 느껴지나 보다. 첫 홀부터 오비를 내더니 전반 내내 왠지 경기가 안 풀렸다. 딱히 뭐가 문제인지도 잘 모른 채로 전반이 지나갔다.

그런데 12번째 홀부터 조금씩 스윙이 좋아졌다. 동반자의 말대로 정말, 몸이 이제 풀린 걸까?

도대체 내 몸은 얼마나 시간이 지나야 풀린단 말인가. 18홀 다 되어서 풀리면 어쩌잔 말이냐고.

나　　　:"이제 몸 풀렸으니, 한 게임 더?"

농담처럼 말했지만 아직 기분이 썩 좋진 않다. 전반에 놓친 스코어가 아깝기 때문이다. 후반처럼만 쳤어도… 하는 생각에 집중력이 흐려진다.

원인을 모르냐고? 아니, 알고 있다. 몸이 12번째 홀에서 풀린 거라면 11홀만큼의 몸 푸는 시간을 보냈으면 될 일이다.

그날은 골프장에 빠듯하게 도착해서 스트레칭할 시간이 없었다. 1시간은 일찍 도착해서 스트레칭도 많이 하고, 스윙 연습도 좀 하고, 퍼팅 연습도 하자고 매번 다짐하건만 라운딩 당일만 되면 시간이 없다.

몸이 풀리는 것을 짧은 시간에 해낼 수는 없을까? 가장 좋은 방법은 원칙대로 1시간 이상 스트레칭과 연습을 하는 것이겠지만, 늘 바쁘고 시간이 없는 현대인에게 빠르고 효과적인 스트레칭 방법을 안내하고자 한다.

이 방법은 의식적인 몸의 스트레칭만 의미하지 않는다. 무의식도 함께 스트레칭하는 방법이다.

첫 홀부터 잘 치고 싶을 때

'리듬 스트레칭'

❶ 스윙 리듬* 떠올리기

나만의 스윙 리듬(또는 문구)을 떠올린다. 나의 리듬은 '짜~장~~~면'이다. 짜장면보다 좀 우아하고 싶다면 '우~아~~~해'로 바꿔도 좋겠다.

❷ 스트레칭 부위 정하기

목 - 오른쪽 멀리 바라보고 끄덕끄덕하며 반대쪽 목 늘리기(양쪽), 스윙 리듬에 맞춰서.
     크게 원을 천천히 그리며 돌리기(반대쪽도), 스윙 리듬에 맞춰서.

어깨 - 짧은 클럽 하나를 들고 무게중심 가운데를 잡고 팔을 크게 돌려 어깨를 풀어 준다. 스윙 리듬에 맞춰서.

손목 - 팔을 앞으로 쭉 내밀어 편 후, 손목을 비틀어 자동차 와이퍼처럼 돌려 준다. 스윙 리듬에 맞춰서.

추가 - 팔꿈치, 등, 허리, 골반, 허벅지, 종아리, 무릎, 발목.
     본인이 평소 필요하다고 생각되는 부위를 스트레칭해 준다. 스윙 리듬에 맞춰서.

* 스윙 리듬 : 공을 일관성 있게 치기 위한 일정한 리듬 또는 템포

기억하자. '스윙 리듬에 맞춰서'.

지금 스트레칭하는 동안의 리듬이 무의식에 각인되어, 라운딩 내내 스윙 리듬을 잊지 않도록 해 줄 것이다.

22

평정심(1)

짤순이라면 기억하세요

나는 눈치가 좀 빠른 편이다. 오랜 직장생활로 인해 계발된 노예 근성 비슷한 습관인가 싶지만 가끔 도움이 될 때도 있다.

골프는 네 명이 함께하며 그린에서 가장 멀리 놓인 공의 주인부터 눈치껏 플레이하며 그린 주변, 홀까지 이동하는 운동이다. 특히나 여성이다 보니, 초보 때는 티샷 후 세컨볼*의 가장 첫 번째 타자가 되곤 했다. 나는야 짤순이**니까.

그러면 마음이 급해진다. 내가 얼른 쳐야 나보다 멀리 보낸 사람들이 순서대로 칠 테니까.

---

*   세컨볼 : 두 번째 치는 공
**   짤순이 : 공이 날아가는 거리가 짧은 사람을 이르는 말

어떨 때는 나만 내려놓고(나머지 세 명은 태우고) 카트를 이동하며 캐디님이 말한다.

"천천히 치고 오세요~."

그렇게 민망할 수가 없다.

더 문제는, 얼른 내려서 후다닥 쳤더니 공이 불과 5m 코앞에 떨어질 때다. 티샷할 때만큼 집중하지 않고 성급하게 쳤으니, 당연한 결과다.

그 순간, 나 스스로에게 '너 뭐 해?'라고 질문하며 마음챙김 스위치를 누른다.

나는 스스로 어이없는 행동이나 말을 할 때, 그리고 불필요한 감정이 올라올 때 스스로 질문하는 습관이 있다. '너 뭐 해?'라고 속으로 묻는 것이다.

나는 이것을 '마음챙김 스위치'라고 부른다.

이때, 다음에 뭘 해야 할지 생각할 잠깐의 틈이 생긴다.

자꾸 바보 같은 짓을 하고 정신없이 눈치 보이는 상황에서 빠르게 집중할 수 있는 방법은 뭘까?

특정 감각에 집중하는 것이다.

지금은 '발 감각'으로 정했다.

공에 도착하기 다섯 걸음 전까지 다소 잰걸음으로 이동했다. 다섯

걸음 전부터는 느리게 걸으며 명칭을 붙인다. '오른발, 왼발, 오른발, 왼발, 오른발.'

두근대는 심장에 가 있던 주의가 금세 발바닥으로 옮겨 간다.

이제 나에게 느껴지는 것은 두근거림이 아니라 발바닥에 느껴지는 신발 감각, 그리고 잔디가 눌리는 푹신함이다.

빠르게 차분해진다.

목과 어깨에 힘이 빠지고 어드레스 자세가 안정적이다. 다른 생각은 없다. 발바닥과 어드레스.

방향을 살피고 연습 스윙 한 번, 단단하게 그라운딩*된 느낌을 확인한다.

순간, 연습장에서 했던 생각이 떠오른다.

'아, 맞다. 필드에 나가면 이걸 한번 시도해 보자고 생각했었지!'

연습했던 스윙을 도전해 본다. 연습장의 느낌과 조금 달랐지만, 그래도 미스샷은 하지 않은 걸 보니 몇 번 더 연습하면 확실히 감을 잡을 것도 같다.

그 순간 미묘하게 기쁜 마음이 아랫배로부터 올라오는 것이 느껴진다.

오늘 라운딩은 잘 온 것 같다.

---

* 그라운딩(Grounding) : 땅과 접촉되어 안정된 상태

가슴이 두근거릴 때

'오른발 왼발'

가슴이 두근거리거나 긴장될 때 도움이 되는 방법이다.

❶ 발 감각에 주의를 두고 걷는다.
❷ 발이 닿을 때, 들릴 때 감각의 변화를 관찰한다.
❸ 푹신하다, 딱딱하다, 허공에 있다, 닿았다 하는 감각에 집중한다.
❹ '오른발, 왼발, 오른발, 왼발' 하면서 명칭을 붙이며 걷는다.

이 방법으로 걷다 보면 가슴이 뛰는 감각은 줄어들거나 인지하지 못하게 된다. 그러면 심신이 빠르게 안정되는 효과를 볼 수 있다.

23

감각과 생각
평정심을 유지하려면

"선수들의 멘탈 관리가 중요합니다. 이게 안 되면 연습하나 마나예요. 연습할 때만 잘하면 뭐 합니까? 막상 시합에 나가면 탈탈 털려서 오는데. 일부러 멘탈을 자극해서 연습 때부터 이것을 극복하게 만듭니다."

전 국가대표 양궁 감독을 역임하신 분과 인터뷰할 때 들었던 이야기다.

생각해 보면 우리나라 선수들이 세계를 제패한 스포츠들은 대체로 멘탈 경기다. 양궁, 사격, 골프. 몇 년간 최고의 위치를 고수할 뿐아니라 심지어 우리나라 선수들끼리 1, 2위를 다투는 스포츠로 누구나 쉽게 떠올릴 수 있다.

몸으로 부딪치는 스포츠라 체격의 영향을 받거나, 특정 순발력을

요하는 스포츠가 아니다. 오로지 집중력으로 승부하는 스포츠들이다. 심판의 개입으로 성패가 갈리는 상황이 거의 발생하지 않고, 오로지 자신과의 싸움이다.

양궁은 활로 화살을 쏘아 동그란 과녁 중앙에 가장 정확하게 맞히는 사람이 우승하고, 사격은 총으로 실탄을 쏘아 맞힌다. 골프는 골프채로 공을 맞혀 적은 타수로 홀에 집어넣는 사람이 우승하는 스포츠다. 원하는 지점으로 혼자서 화살을, 실탄을, 공을 보낸다는 점에서 비슷하다.

방향을 정하고, 조준하고, 날린다.

이때 가장 영향을 미치는 것은 선수의 정신력이다.

순발력보다 정신력이 우선시되는 스포츠에서, 선수가 레디 상태가 되면 관중들은 거의 숨을 멈춘다. 가장 큰 외적 자극인 움직임(시각정보)과 소리(청각정보)를 최소화해 주는 것이다.

그리고 선수는 스스로의 감각과 생각을 다스린다.

- **감각** : 멀리 보이는 홀(시각), 주변에서 들리는 소리(청각), 그립을 잡은 손(촉각), 뒷목과 등의 긴장감(고유수용감각), 두근거리는 심장(내부감각) 등
- **생각** : 스윙 리듬 문구, 잘 맞는 상상과 기쁨, 안 맞는 상상과 불안, 프로님의 잔소리, 클럽 선택에 대한 확신 없음, 다른 멤버의 스코어, 매운 떡볶이와 같이 맥락도 의미도 없이 떠오르는 것들

방향을 정하고, 조준하고, 날린다.
이때 가장 영향을 미치는 것은
선수의 정신력이다.

분류하는 기준이 조금씩 다르긴 하지만 감정을 생각의 영역으로 포함해서 보면, '불안'만큼 잘 관리해야 하는 것이 '들뜸'이다. 흔히 불안, 걱정, 화를 다루는 방법들이 많은데 사실 마음을 다루는 훈련은 결국 '어떠한 상황에도 흔들리지 않는 평정심'을 유지하는 연습이다.

따라서 공을 치고, 공이 굴러가고, 홀에 들어가는 상상을 하는 연습은 좋지만, 공이 들어가서 기뻐하는 상상은 불필요하다. 들뜨게 할뿐더러 실제로 공이 안 들어가면 실망한다.

집중력을 유지하는 정신력 훈련을 하고 싶다면, 감정이 오르내리지 않고 최대한 안정된 상태를 유지할 수 있는 방법을 택하길 바란다.

> ⚑ 사람은 자신의 마음을 붙잡아야 한다. 놔두면 곧 머리도 제어할 수 없게 되기 때문이다.
>
> **- 프리드리히 니체**
>
> # 독일의 철학자

24

집중(1)

티샷의 공포

드라이버 비거리 200m를 기록한 적이 있다. 보통 170~180m를 날리는데, 운 좋게 잘 맞은 모양이다. 레드티에서 티샷을 날리면 여성 멤버 중에서는 롱기(최장타, longest의 줄임말)인 편이다.

그날은 남성 세 명, 여성 한 명 멤버로 라운딩을 시작했다. 티샷 후 세컨샷 위치로 이동했는데 모든 남성의 공이 내 뒤에 있었다.

첫 홀에서는 웃는 얼굴로 농담할 수 있었다. "와, 비거리 엄청나시네요." 등의 칭찬도 받았다. 두세 홀이 지나니 더 이상 웃지 않더라. "화이트에서 치셔야 하는 거 아닌가요?" 하는 견제가 들어왔다.

그날, 나를 제외한 세 사람의 스코어는 그다지 좋지 않았고, 라운딩 후 다 함께 연습장에 가서 드라이버 연습을 했다고 들었다.

퍼터는 스코어를, 드라이버는 라운딩의 기분을 좌우하는 것 같다.

골프 전 국가대표팀 감독을 역임했던 김태훈 프로님과 인터뷰를 한 적이 있다. 프로들도 긴장할 때가 있을 것 같았다. 언제가 가장 긴장되는지 여쭤봤다.

"첫 티샷입니다. 그날의 경기를 치르는 에너지를 좌우할 만큼 중요하죠. 경험이 많은 프로들도 그 순간만큼은 긴장이 됩니다."

프로들도 긴장하는데, 일반인들은 얼마나 긴장이 될까? 클럽 1번, 드라이버 샷에서 긴장을 풀고 스윙에만 집중할 수 있는 방법은 무엇일까?

나는 오랜 시간 마음챙김 명상을 배우고 안내해 왔다. 현대인들은 바쁘고 정신없이 살아간다. 불필요한 생각이나 감정을 내려놓고 중요한 순간에 집중하는 연습이 필요한데, 마음챙김 연습을 하면 도움이 된다.

여러 가지 방법 중 산을 떠올리며 집중하는 방법이 있다.

양발을 어깨 넓이로 딛고 서서 아주 크고 깊은 산을 떠올린다. 그 산에는 물도 흐르고, 동물도 살고, 나무도 무성하다. 산은 넉넉한 마음으로 모든 존재를 받아들인다.

이제, 나 자신이 그 산이라고 생각한다. 이때 몸이 단단히 고정되고 중심이 잡힌다. 숨을 깊게 들이쉬고 내쉬면서 "나는 산이다."라고 되뇐다. 이 방법은 빠르게 그라운딩 되도록 돕는다.

나는 이 방법을 티샷 루틴에 적용해 보았다.

드라이버 칠 때

'나는 산이다'

가슴이 두근거리거나 긴장될 때 도움이 되는 방법이다.

❶ 양발을 어깨 넓이로 딛고 서서 아주 크고 깊은 산을 떠올린다.

❷ "나는 산이다."라고 되뇌며 발이 땅과 단단하게 닿아 있음을 느낀다.

❸ 허리를 숙여 드라이버 어드레스 자세를 취한다.

❹ 평소 연습한 대로 스윙한다.

25

집중(2)
연습도 실전처럼

알람 소리에 잠이 깼다. 눈을 뜨기 싫지만 이 시끄러운 알람을 꺼야 한다.

손을 뻗어 스마트폰 액정을 누르려는데, 손가락이 반주먹 상태다. 안 펴진다.

다리가 아니라 손가락에 쥐가 난 걸까? 살짝 두려운 마음이 들었다. 억지로 손가락을 펴는데 통증이 느껴졌다.

일어나서 움직이다 보니 조금씩 회복이 되긴 했다.

어라? 물집도 잡혔다.

일종의 희열이 느껴졌다. 나, 연습 열심히 했나 봐, 훗.

최근 매일 연습장에 가서 연습해서 생긴 영광의 물집이자 통증이니 기꺼이 받아들이리라.

오늘도 연습장에 왔다. 얼마나 기특한가.

레슨을 받다가 프로님께 죽는 소리를 했다. 영광의 물집을 보고 칭찬을 해 주시겠지. 그러나….

"그렇게 연습하시니까 손이 그 모양이죠."

응?? 그렇게? 라니, 열심히 친 것도 죄인가?

죄란다. 열심히만 하는 건 죄란다.

보통 초보 골퍼들이 연습할 때 이런 양상을 보인다.

어드레스 후 스윙을 한다 ➡ 엉거주춤한 상체 모양 그대로 원복한다 ➡ 그립 잡은 양손 그대로 공만 끌고 온다 ➡ 손도, 다리도 안 풀고 다시 스윙한다

이럴 때 장점이 있다. 공을 많이 칠 수 있다는 점.

단점은 뭘까? 아침에 손가락이 안 펴진다. 물집이 잡힌다.

무엇보다 최악의 단점은, 나만의 스윙 루틴을 만들 수 없다는 것이다.

우리가 연습장에서 연습하는 이유는 필드에 나가서 최고의 기량을 선보이기 위해서다.

연습장을 마치 필드라고 생각해 보자.

엄청난 집중력이 필요하다. 필드에서는 매 스윙의 순간 어드레스, 그립 잡기 등의 단계를 새로고침해야 한다.

당연한 사실인데 필드를 상상하고 연습하지 않았기에 발생하는 실수다. 심지어 나는 필드에서 모든 스윙에 호흡 한 번 루틴을 하는데, 연습장에서는 이조차 잊었던 것이다.

　이후 나는 당시 프로님께 배운 루틴을 기반으로 나만의 루틴을 만들고 연습장에서도 그대로 한다. 연습장에서도 필드에서 하는 것처럼 한번 스윙하고 나면 다리와 손을 풀고 다시 자세를 잡는다. 어떨 때는 일부러 제자리에서 한 바퀴 돌기도 한다.

　이제야 필드 라운딩을 대비한 연습이라고 할 수 있겠다.

스윙 루틴 만들 때

'백스윙 직전 호흡 한 번'

❶ 연습장에서 한번 스윙하고 나면 다리를 모은다.

❷ 그립에서 손을 풀고, 한 손으로 채를 잡고 공을 가져온다.

❸ 클럽페이스를 공에 조준한 후 공 진행 방향을 슬쩍 확인한다.

❹ 이제 다리를 벌려 어드레스 자세를 취한 후 다시 양손으로 그립을 잡는다.

❺ 숨을 한 차례 들이마시고 내쉰다.

❻ 평소 연습한 대로 스윙한다.

26

집중(3)

내가 웃는 게 웃는 게 아니야

"돈을 잃는 만큼 실력이 느는 거야."

처음에 이 말을 들었을 때 심한 거부감을 느꼈다. 어디 책에라도 써 있는 문구인지, 꽤 여러 명에게 같은 멘트를 들었다.

누군가는 이렇게 말한다.

"내기 안 하면 무슨 재미로 쳐?"

돈이 걸려 있으면 한 타 한 타 집중해서 치게 된다는 의미는 이해한다. 하지만 지나친 내기는 정신건강과 스코어에 해롭다. 적어도 나에게는 그랬다.

그날 나는 네 명의 멤버 중 핸디가 가장 높았다.

핸디는 핸디캡Handicap의 줄임말로, 골퍼의 평균 스코어를 의미한다. 예를 들어, "제 핸디는 18이에요."라고 하면 평균 스코어가 90(72+18)이라는 말이다. 그러니 핸디가 높을수록 실력이 좋지 않다는 의미이기도 하다.

그날 가장 실력이 좋지 않은 멤버였던 나를 제외하고 나머지 세 명은 내기를 하고 싶어 했다. 종종 소소한 내기에 동참해 왔기에 별생각 없이 핸디를 받고* 라운딩을 시작했다. 평소와 조금 달랐던 점은, 오가는 지폐의 색깔이 청색(천 원)이 아니라 녹색(만 원)과 노란색(오만 원)이었다는 점이다.

몇 홀이 지나자 현금이 거덜났다.

묻지도 않았는데 먼저 제안해 온다.

지인1 : "빌려줄게."

자상하기도 하지.

순식간에 그린피보다 큰 금액이 빠져나갔다. 표정 관리가 안 된다. 속으로 생각했다.

'설마, 끝나고 어느 정도는 돌려주겠지? 근데 안 주면…. 아니, 경기에 집중해도 잘 칠까 말까 하는데 왜 내가 지금 이런 생각을 하고

---

* 핸디를 받는 것 : 실력의 차이를 표준화하기 위해 멤버들과 합의해서 핸디캡 타수를 인정받는 것

있어야 하지?'

포토존이 형성되어 있는 홀이라 캐디님이 단체사진을 찍어 주겠다고 하셨다. 잠시 스스로가 한심하다고 생각했다. 캐디님이 말했다. "자, 웃으세요~." 나는 웃어지지가 않았다.

표정만의 문제가 아니다. 그날 스코어는 정말이지 엉망이었다.

도대체 이런 상황은 어떻게 극복하냐고?

어쨌든 초반에 내기에 동의했으니 끝까지 동참해야 하겠지만, 흔들리는 멘탈로 인한 스코어의 붕괴는 막아야 한다. 그 해답은 바로 얼굴 근육에 있다. 감정을 빠르게 다스리는 데는 일부 근육의 도움이 필요하다.

"기분이 좋아서 웃는 게 아니라, 웃으면 기분이 좋아진다."라는 말은 근거가 있다. 얼굴 근육을 다스릴 수 있으면, 기분도 빠르게 바뀐다. 못 믿겠으면 지금 양쪽 입꼬리를 살짝 올려 보자. 웃는 표정이 되면서 기분이 나아질 것이다.

2023년에 출간된 김주환 교수의 도서 《내면소통》에 의하면, 감정과 관련 있는 뇌 부위인 편도체와 직결되는 근육에서 힘을 빼면 심신이 빠르게 이완되고 감정조절에 도움이 된다.* 기분이 나쁘면 이를 악물게 되고, 이를 악물면 기분이 나빠지는 원리이다.

---

* 힘을 빼면 좋은 부위 : 표정근, 안구근, 교근, 승모근, 목빗근(흉쇄유돌근)

표정 관리가 안 될 때

'페이스 스캔'

❶ 다른 멤버들이 티샷하는 동안 잠시 눈을 감고 편안하게 호흡한다.

❷ 눈에서 힘을 뺀다.

❸ 어금니를 살짝 떼고 턱에서 힘을 뺀다.

❹ 가슴과 아랫배의 힘을 툭 풀고 호흡한다.

❺ 다시 얼굴로 돌아와 입꼬리를 살짝 올리며 눈을 뜬다.

❻ 이제, 평소대로 라운딩한다.

※ 예상 부작용 : 입꼬리에 경련이 일어날 수 있음.

27

집중(4)

수작 부린 거 아닌데요

나는 첫 라운딩을 직장 상사와 함께했다.

거주지가 근처라 상사의 차를 타고 골프장으로 이동했다. 상사의 차는 클럽하우스 정문 앞에 잠시 정차하는가 싶더니 트렁크가 열렸다. 유니폼을 입은 두 명의 남성분이 나와 상사의 캐디백을 트렁크에서 꺼내 갔다. 한 번 더 오더니 뭔가를 꺼내다가 물었다.

직원1 : "보스턴백이 하나인가요?"
상사   : "보스턴백 어딨어?"
나   : "트렁크….."

나는 기어드는 목소리로 말했다.

상사   : "말고, 보스턴백, 보스턴백 없어?"

나   : "보스턴…. 클럽백…? 음. 캐디백 말씀이신가요? 캐디백은 아
         까 저분이 꺼내 갔…."

클럽백, 캐디백, 보스턴백, 하프백, 파우치 등등. 뭔 가방이 그리
도 많단 말인가. 그 창피했던 기억은 지금도 슬프게 남아 있다.

또 한 번의 아픈 기억.

라운딩 후 사우나에 갔는데 잘 씻고 나와서 머리를 말리던 중이
었다. 같이 라운딩했던 멤버가 물었다.

"샤워가운은?"

그게 뭐란 말인가. 일본도 아니고. 대한민국 목욕탕에서 누가 샤
워가운을 입는다고?

"누가 그런 걸 입냐?" 하며 어이없는 표정을 지었는데, 그 순간 보
고야 말았다. 나를 제외한 모두가 샤워가운을 입고 있는 것을.

초창기에는 이런 창피한 일들을 종종 겪었다. 누가 한꺼번에 좀
알려 주면 좋으련만, 일일이 몸소 경험하고 알아 가야 했다.

이런 상황은 양반이다. 라운딩 중 발생하는 창피한 상황은 멘탈
을 흔들기도 한다.

예를 들면 이런 상황이다.

파4 홀을 아웃하고 카트에 타고 다음 홀로 이동하던 중이었다.

캐디님이 네 명의 스코어를 입력했고, 내 스코어를 +3으로 눌렀다. 어허, 난 더블인데!

캐디님도 사람이니 그럴 수 있지, 하며 당당하게 말했다.

"캐디님, 저 더블인데요?"

캐디님이 약 2초간 침묵했다. 나는 캐디님이 미안해서 그런 줄 알았다.

그런데 캐디님이 말했다.

"티샷이 잘못 맞아서 벙커 앞 떨어졌고 거기서 유틸 치셨어요. 다음은 6번 치셨고, 그다음 어프로치까지 해서 4온. 투펏에 오케이, 그럼 트리플 맞는데요."

순간, 기억에 없던 6번 샷이 생각났다.

나, 지금 스코어 줄여 보려고 수작 부린 거임? 아니, 우리 캐느님은 4인분 샷을 어찌 다 기억한단 말인가. 놀랍다. 그리고 창피하다.

화끈거리는 얼굴이 가라앉지 않은 채로 다음 홀 티샷을 날렸다. 슬라이스다.

이처럼 라운딩 시 창피한 상황은 종종 발생한다. 그때마다 수작 부리려 한 것이 아니라는 변명을 늘어놓을 것인가? 그보다는, 얼른 창피함에서 벗어나 경기에 집중할 수 있는 마음 상태를 만드는 것이 현명할 것이다.

이럴 때 도움이 되는 방법을 공유한다. 참고로 이 방법은 창피할 때뿐 아니라 불편한 감정에서 얼른 벗어나는 데 도움이 된다.

창피할 때

'괄약근에 힘주기'

❶ 얼굴이 화끈거리면 괄약근에 힘주기 매뉴얼을 떠올린다.

❷ 괄약근에 힘을 줬다, 뺐다 하는 것을 반복한다.

❸ 오직 그곳에 집중해서 창피한 생각에서 떨어진다.

❹ 이제, 평소대로 라운딩한다.

28

집중(5)

본인 스코어나 잘 세세요

아우디 갖고 싶은 분?

아우디 로고는 원 4개가 겹쳐서 이어져 있는 모양이다. 흡사 올림픽 로고와 비슷하지만 4개가 연속으로 연결되어 있다. 올림픽 로고는 동그라미가 위에 3개, 아래 2개, 총 5개가 모여 있는 모양이다.

골프에 아우디, 올림픽이라는 용어가 있다. 연속으로 파 네 번을 하면 아우디 달성, 연속으로 파 다섯 번을 하면 올림픽 했다고 말한다. 그만큼 쉽지 않은 일이다.

그즈음 나의 평소 스코어는 80대 초반이었다. 70대로 진입하지 못해 안달복달하던 시기다. 그날 전반은 38개. 후반 연속 파 4개를 잡으며 아우디 달성, 은근한 기대감이 생겼다.

나 오늘 7자 그리나(70대 진입하나)? 살짝 긴장되면서 더욱 집중하게 되었다.

이번 홀에서도 파를 하면 올림픽!

애석하게도 벙커에서 2타나 해 잡수신 공이 그린에 올라갔을 때
는 이미 올림픽 티켓을 날려 버린 후였다.

버디를 놓쳤을 때보다 더 화가 났다. 그래도 티 내지 않으려고 더
욱 경건하게 퍼팅을 준비하고 있을 때였다.

"그거, 치나 안 치나 양파 아니에요? 우째요~ 흐흐."

돌아보니 멘트의 주인공은 오늘의 멤버 중 가장 하수님 백돌이셨
다. 순간, 옛날 드라마의 한 장면이 머릿속을 지나갔다.

드라마 주인공 : "감~~~~~~히~~~~~~~!!!!"

라는 멘트와 함께 드라마의 장면이 흉흉해지고 듣기만 해도 간담
이 서늘해지는 음악이 깔리는 장면.

붉어진 얼굴로 퍼팅을 했다. 퍼터에 툭 하고 닿은 공은 홀 0.5cm
앞에서 멈춰 버렸다. 결과는 더블보기.

그 순간 누군가 나의 표정을 봤더라면 깜짝 놀랐을 것이다. 스스
로 얼굴 관리가 안 되는 게 느껴졌을 정도였으니 말이다.

상대는 악의가 없었을 것이 분명하다. 스코어 카운팅에도 취약한
골린이가 누군가를 약올리는 데 에너지를 쏟을 만한 정신은 없을
테니까.

운동에 집중하면서 말을 하다 보면 상대의 마음을 놓치는 일이 발생할 수 있다.

이처럼 상대가 무심코 건넨 말의 칼날에 내 마음이 다치지 않도록 하는 방법을 알아 두면 좋겠다. 같은 말을 들어도 받는 사람의 마음 상태에 따라 다르게 해석되곤 하니까.

이럴 땐, '아, 그렇구나' 화법을 활용해 보자. 상대가 뭐라고 하건 일단 "당신은 그렇게 생각할 수 있겠군요." 하고 인정하는 것이다.

우리의 착각 중 하나는, 상대의 의견이나 주장에 "당신 생각이 그렇군요."라고 인정하는 것이 곧 그 의견에 동의하는 것이라고 생각한다는 점이다. 상대의 의견을 인정하고 존중하면서도 나의 의견이 다르다고 말하는 것은 얼마든지 가능하다.

"아, 그렇구나. 근데 난 ○○하네." 하는 방법은 이 원리를 적용한 내면 화법이다. 위 사례의 경우에는 "아, 그렇구나. 나 화나네."라고 하면 된다.

"넌 그렇게 생각할 수 있겠네(아, 그렇구나)." 이 단계는 부정적 감정을 일으키지 않도록 도와주고, "난 그렇게 생각하지 않지만(근데 난 ○○하네)." 이 단계는 차분하게 판단할 수 있도록 도와준다.

문득 그런 생각이 들었다. 나도 누군가에게 의도와는 다르게, 말로 상처 준 적이 있지 않을까?

라운딩은 긴 시간 함께하는 운동인 만큼 상호 존중하며 대화하는 것이 중요할 것 같다.

화가 날 때

'아, 그렇구나'

누군가 화를 돋우는 말을 한다면 속으로 이 화법을 적용해 보자.

❶ 잠시 지금 내가 어떤 감정인지 알아차린다.

❷ 감정이 무엇이건 우선, "아, 그렇구나"라고 속으로 말한다.

❸ 다음은 그 감정이 짜증이면 "나 짜증 났구나", 화면 "나 화났구나"라고 말한다.

❹ 고개를 끄덕이며 "나 짜증 났구나" 또는 "나 화났구나"라고 한 번 더 속으로 말한다.

이제, 감정의 조절이 조금 수월해질 것이다.

29

집중(6)

경기 중 통화 금지

나는 라운딩 동안에는 휴대폰을 잘 보지 않는다. 오직 사진 찍을 때만 꺼낸다.

자주 휴대폰을 보면 스스로 골프를 온전히 경험하지 못하는 느낌이 들기도 하고, 전화가 와서 통화라도 하게 되면 동반자들의 플레이에 방해가 되어 미안하기 때문이다.

하지만 부득이하게 휴대폰을 꼭 쥐고 다녀야 하는 친구들이 있다. 그날도 라운딩 중 어김없이 그 친구의 휴대폰이 울렸다.

얼핏 엿들으니 남편과 통화하는 듯했다. 표정이 좋지 않다. 복화술하듯 입술을 거의 움직이지 않고 웅얼웅얼 말했지만 내 귀에는 쏙쏙 들려왔다.

친구   : "당신도 지난주에 술 먹고 새벽에 들어왔잖아. 주말 내내 술병
          나서 내가 애들 봤고. 어쩌다 한번 나온 건데, 몇 시간이나 됐
          다고 전화해서 사람을 들들 볶아? 아, 몰라. 지금 내 순서니까
          끊어."

복화술을 구사하던 친구가 전화를 끊고 긴 한숨을 내쉬었다.

이내 표정을 정리하고 멋지게 티샷을 날리길래 이 녀석, 생각보
다 멘탈이 강하다고 생각했다. 그런데 잠시 후 다시 표정이 어두워
지더니 점점 눈에 초점을 잃어 갔다. 뭔가 생각이 많아 보였다.

왜 아니겠는가? 남편과 다퉜고, 듣자 하니 라운딩 끝나자마자 달
려가서 아이들 학원 픽업도 해야 하는 상황인 것 같았다. 머릿속이
복잡하리라. 뭐라고 말을 더 얹으면 안 될 것 같아서 아예 모른 척
하고 딴청을 피웠다.

답답했던지 친구가 먼저 다가와서 말을 걸었다.

친구   : "야, 너 마음챙김 전문가잖아. 빨리 뭐 방법 하나 알려 줘 봐.
          이럴 때 좋은 거로."
나   : "응? 갑자기??"

뭐, 사실 생각이 많고 머릿속이 복잡할 때 하는 방법이 있긴 하
다. 근데 그건 평소 연습이 필요하다. 그래도 알려 줬다.

나　　: "지금부터 들이쉬고 내쉬는 숨을 한 세트로 해서, 몇 번 하는지
　　　　세어 봐. 내가 '그만' 할 때까지."

　나는 1분 후 '그만'이라고 말했고, 친구는 17번 호흡했다고 했다.

　이제 내가 옆에 없어도 틈날 때마다 '들숨+날숨'에 하나, 둘, 셋
이렇게 숫자를 붙이고 17번을 하라고 했다. 그러면 시계가 없어도
1분이 지나간다. 이 방법은 현재 머릿속을 꽉 채우고 있는 집착이
나 생각에서 떨어지는 데 도움이 된다.

　누군가 "저는 생각이 너무 많아요."라고 하니까 "생각을 내려놓으
세요."라고 답하는 것을 봤다. 생각이 물건도 아니고 어떻게 내려놓
으라는 걸까?

　마음챙김에서 생각을 내려놓는 방법은 간단하다. 호흡과 같은 특
정 감각에 집중하는 동안 머릿속은 잠시 고요해진다. 이 틈에 비로
소 현명한 판단을 내릴 수 있다.

　물건으로 가득 찬 방에서는 손톱깎이를 찾을 수 없을 테니까.

자꾸 다른 생각이 날 때

'1분 호흡하기'

❶ 타이머를 1분으로 맞춰 놓고 '들숨 날숨 하나, 들숨 날숨 둘…' 이런 식으로 호흡을 센다.

❷ 1분간 호흡을 몇 번 했는지 기억하고 두세 번 더 해서 평균을 낸다.

❸ 이 숫자가 당신이 편안할 때 호흡하는 스피드라는 것을 기억한다.

❹ 생각이 많을 때마다 바로 눈을 감고 기억하는 숫자만큼 호흡을 한다.

❺ 이제 1분이 지났다. 방금 전 복잡한 생각에서 1분의 간격이 생겼다.

❻ 1분 전보다 차분해진 상태라 '불필요한 생각(할 수 없는 일)'과 '필요한 생각(할 수 있는 일)'을 구분할 수 있다.

❼ 지금, 할 수 있는 일에 집중하자.

30

집중(7)

드라이버는 쇼, 퍼팅은 돈

전장이 다소 짧았던 홀이었다.

파4 코스 세컨샷이 그린 근처에 떨어졌다. 거측기(거리측정기)로 확인하니 15m 거리였다. 가장 짧은 클럽 샌드Sand를 잡고 연습샷을 했다. 왠지 느낌이 좋았다.

홀 가까운 곳에 떨어져서 '오케이 파'를 받아도 좋고, 가까이 붙여서 짧은 퍼팅을 성공시킨 후 쩽그랑 소리를 듣고 파를 해도 좋겠다고 생각했다. 평소 루틴을 떠올리며 침착하게 스윙했다.

"칩 인 버디~~!!!"

동반자들이 외쳤다. 짜릿했다.

칩 인Chip in이란, 그린 주위에서 홀을 향해 낮게 굴린 공이 그대로 홀에 들어가는 것을 말한다. 칩 인 파, 칩 인 버디 등이 있을 수 있겠다.

파4에서 세 번째 샷으로 홀에 공을 넣었으니 버디를 잡아서 기분이 좋은 데다, 퍼터를 잡지도 않고 버디를 잡는 행운을 누렸다.

동반자가 말했다.

"와, 진짜 운이 좋았네요. 생각도 못 했죠?"

그 순간 한 가지 사실이 퍼뜩 떠올랐다. 내가 방금 적용한 루틴은 보통 퍼팅할 때의 루틴이었다는 사실.

나는 보통 그린에서 퍼팅할 때 라인을 그려 보는 루틴이 있다. 그런데 방금 전 어프로치는 워낙 그린에 가까운 곳에서 스윙하다 보니 퍼팅 루틴이 적용된 것이다.

퍼팅할 때 공은 잔디 위로 굴러가기 때문에 비교적 쉽게 경로를 그려 볼 수 있다.

나는 종종 그린에서 스파이더맨 자세로 쪼그리고 앉아 그린의 경사나 굴곡을 살피는데, 낮은 자세일 때 잘 보이기 때문이다. 이렇게 확인한 후 예상되는 경로를 가상으로 그려 보며 공이 굴러가는 장면을 상상한다.

그러면 퍼터를 얼마나 뒤로 빼야 할지, 어디까지 밀어야 할지, 리듬은 어느 정도로 해야 할지 정할 수 있다.

이렇게 했을 때 비로소 실수가 줄어들고, 생각한 대로 공을 보내는 확률이 올라간다.

"드라이버는 쇼, 퍼팅은 돈"이라는 말이 있다. 특히, 내기를 하는 경우에 시작보다 마무리가 훨씬 중요하다는 의미가 담겨 있다.

그러니 다음번 내기를 위해 지금, 퍼팅 라인을 그려 보는 루틴을 적용해 보면 좋겠다.

퍼팅할 때

'퍼팅 라인 그려 보기'

❶ 볼 위치에 마크하고 크게 돌며 전체적인 그린을 살핀다.

❷ 낮은 자세로 앉아서 공과 홀 사이의 그린 경사와 굴곡을 확인한다.

❸ 홀을 바라보고, 공이 굴러가는 라인을 그리며 연습 퍼팅을 한다.

❹ 이제, 공을 바라보고 평소 연습한 대로 퍼팅을 한다.

31

집중(8)

해저드 공포

나는 첫 깨백(백돌이 탈출)을 제주도에서 했다. 바람이 많다는 제주도는 그날따라 비도 많이 왔다. 제주도까지 왔는데 그냥 갈 수 없어서 우의를 입고, 우산을 들고 라운딩에 임했다. 비에 젖은 우의가 매서운 바람에 날려 뺨을 때렸고, 몸에 들러붙었다.

재미있는 점은 우리 앞 팀도, 우리 뒤 팀도 라운딩을 포기하지 않았다는 것이다.

후반전에는 비가 그쳤다. 이제 칠 만하겠지?

하지만 비바람보다 무서운 상황을 맞닥뜨리고 말았다.

전반전 내린 비에 물이 한껏 불어난 해저드.

그 시절 나에게는 해저드 공포가 있었다. 모든 해저드에 공을 집어넣었다. 해저드가 그린이라면 100% 온그린이다.

각종 방법을 동원해 보았다. 넘겨 보려고 길게 쳐도 들어가고, 끊어 가려고 짧게 쳐도 어이없이 잘 맞아서 들어갔다. 캐디님이 안쓰러운 듯 말했다. "회원님, 그냥 없다고 생각하고 치세요." 아니, 눈앞에 있는데 어떻게 없다고 생각을 하란 말이지?

그때, 한 가지 생각이 머릿속을 스쳐 갔다. 뇌는 의외로 참과 거짓을 구분하지 못한다는 사실이다.

예를 들어, "코카콜라 광고의 하얀 곰을 떠올리지 마."라고 하는 순간 이미 머릿속에 하얀 곰이 있다. 금연하는 데 도움이 되는 방법은 "담배를 끊는 상상을 해."가 아니라 "사탕 먹는 상상을 해."이다. 머릿속에 아예 '담배'라는 개념이 떠오르지 않도록 하는 원리이다.

'해저드가 없다고 생각해.' 또는 '해저드를 넘기는 데 50미터면 충분해.'라고 생각하는 것보다 '7번 아이언으로 100미터를 보내자.'라고 생각하는 것이 효과적이라는 얘기다.

라운딩에서 플레이어를 불안하게 하는 요소가 과연 해저드뿐일까? 벙커, 바람, 도그렉(좌/우로 휘어진 코스), 최근 들어 정확도가 떨어진 우드 등 각종 장애물이 있다. 이럴 때 '벙커에 들어가면 안 되는데…', '우드로 또 뒤땅 치면 안 되는데…' 하며 불안해하기보다 잠시 주의를 다른 곳으로 돌려 마음을 가라앉히는 것이 좋다.

주의를 다른 곳으로 돌리는 방법은 여러 가지가 있지만 아주 간단한 방법 한 가지를 소개한다.

불안할 때

'손으로 잼잼 하기'

❶ 불안한 마음이 올라오면 골프공 하나를 손에 쥔다.

❷ 어린 아이들이 잼잼 하듯이 공을 쥐었다 놨다 한다.

❸ 속으로 '잼, 잼' 하고 되뇌면서 공의 딱딱함, 크기 등에 집중한다.

❹ 이제, 뇌가 속았으니 평소대로 라운딩한다.

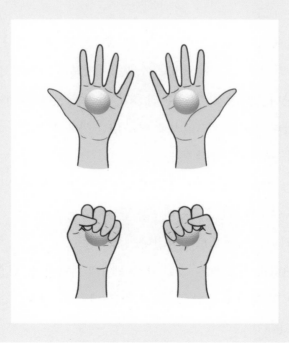

32

무의식
끌어당김의 법칙

'한겨울에도 그린은 녹색이네.'라는 생각을 한 적이 있다.

우리나라 골프장은 겨울에도 녹색을 유지하는 크리핑 벤트 그래스라는 잔디로 되어 있다. 일본의 경우 겨울에는 벤트 그래스, 여름에는 금잔디나 버뮤다 그래스로 된 그린을 사용한다.

그린이 두 개라는 이야기다.

우리나라에도 그린을 두 개씩 만들어 놓은 골프장이 꽤 있다.

나인홀(9홀) 골프장은, 두 바퀴를 돌 때 다른 느낌으로 플레이할 수 있게 하려는 목적으로 사용한다.

정규홀(18홀) 골프장은, 그린 보호를 위해 사용한다. 번갈아 가며 사용하면 덜 밟히게 되고 플레이어들은 더 좋은 상태의 그린을 이용할 수 있다.

또는 한 군데의 그린을 보수할 때 다른 그린을 사용할 수 있는 장점도 있는데, 어찌 됐든 두 개의 그린을 유지 보수하려면 비용과 노력이 두 배가 되는 셈이다.

그린이 두 개일 때 발생할 수 있는 해프닝들이 있다.

캐디님의 말을 제대로 듣지 않아 깃발이 꽂혀 있지 않은 그린으로 샷을 하는 경우도 있고, 다음 사례처럼 알고도 보내는 경우도 있다.

"나이스 옆! 집! 온~ ㅋㅋ. 왜 빈 집 털이 하고 그래?"

누군가의 공이 오른쪽 그린에 정확히 안착했다.

빈 집 털이.

남의 집, 즉 남의 그린에 올라갔다는 뜻이다.

캐디님이 이번 홀 그린은 좌측이라고 말해 주셨는데, 어디 매번 공이 우리 말을 잘 듣던가? 나는 저기로 보내지 말아야지, 하며 공을 쳤는데 기가 막히게 오른쪽 그린에 올라간다. 뒤따른 공 하나도 오른쪽 그린. 왜일까?

"생각하는 대로 이뤄진다."라는 말은 거짓말이 아니다.

뇌는 참과 거짓을 구분하지 못한다. 그저 우리가 무엇을 떠올리면 무의식에 그것이 저장된다. "오른쪽으로 보내지 말아야지."라고 생각하면 무의식은 '오른쪽'을 저장하는 식이다.

그러니 차라리 "왼쪽으로 보내야지."라고 생각하거나 또는 에이밍* 후 "평소대로 80m 쳐야지."라고 생각하는 편이 좋겠다.

⚑ 제일 중요한 일 하나에 집중하라. 그다음은 생각하지도 마라.
- **피터 드러커**
미국의 경영학자

---

* 에이밍(Aiming) : 조준점을 맞추어 겨냥하는 활동

33

평정심(2)

훼방꾼이 많은 날

1. 티샷하는데 옆에서 떠드는 사람

2. 티샷 후 자기 맘대로 "하나 더 칠게요." 하는 사람

3. 공 찾으러 가서 공 10개 주워 오는 사람

4. 연습샷 두 번 이상 하는 사람

5. 공이 잘 안 맞으면 티 내는 사람

가장 피하고 싶은 멤버는 누구일까?

나는 1번과 5번을 고르고 싶다. 솔직히 다 싫지만.

어느 날, 내가 티박스에 오를 때였다.

지인1 : "캐디님은 골프 잘 치세요?" (그냥 궁금)

캐디님 : "가끔 쳐요.^^;" (작은 목소리)

지인1 : "오~ 그럴 것 같더라. 몇 개나 치세요? 잘 치실 듯!" (신남)

캐디님 : "아, 네…….^^;;" (더 작은 목소리)

지인1 : "혹시 프로로 활동하셨던 거 아니에요? 캐디님 중에 프로셨던
분 많던데~~. 블라블라….

티샷 어드레스 자세로 서서 귀에 꽂히는 말소리가 멈추기를 기다
렸다. 아, 현기증 나. 언제까지 어깨춤을 추게 할 거니?

눈치 없는 친구의 끊임없는 질문에 일일이 대답을 할 수도, 안 할
수도 없는 캐디님.

집중력을 발휘하면 말소리가 들리지 않을지도 모른다고 위로하
며 일단 티샷을 날린 나.

루틴도, 스윙 리듬도 잊은 나의 드라이버에 맞아 뿅 하고 하늘로
날아가 버린 공.

하…. 나는 웃는 얼굴로 말했다.

"티샷할 때는 좀 조용히 하지?"

웃는 얼굴이었다는 건 내 생각일 뿐이었나 보다. 친구의 표정이
굳었다.

짜증 나서 한마디한 것이 내내 마음에 걸려 라운딩에 더욱 방해
를 받고 말았던 기억이 있다.

심지어 이런 경우도 있다.

지인2 : "아이C!!" (잔뜩 찡그린 표정과 격한 언성)

나   : "?????" (화들짝 놀람)

지인2 : "와…. 나 오늘 진짜. 하…….." (세상 끝난 표정과 말투)

나   : "낫 배드~~. ^^;;" (위로해 봄)

지인2 : "어?? 아, 이런 게시판!!" (어이없는 표정)

나   : "ㅠ.ㅠ" (말을 잃음)

가끔은 이런 멤버도 있다. 샷이 생각대로 되지 않을 때마다 격한 표현이 따라온다. 목소리도 커서 깜짝깜짝 놀란다. 험악한 분위기가 형성되어서 슬슬 눈치를 보게 된다. 위로를 해 줘야 할지, 모른 척해야 할지, 나도 같이 그래야 할지….

이런 순간 말고도 많다. 함께 라운딩하는 멤버 덕분에 눈치 보고 긴장하게 되는 일.

몸과 마음이 긴장되면 나의 플레이에 영향을 입는다. 골프에서 가장 중요한 것이 힘 빼는 일이라고 하는데, 이럴 땐 바짝 긴장하게 되니 말이다.

그러니 선택해야 한다. 그러지 말아 달라고 양해를 구할지, 꾹 참고 라운딩을 할지.

첫 번째 상황에서의 대응:

나   : "아까 티샷할 때 캐디님하고 대화하는 소리가 좀 들려서 방해
         가 되더라."

지인1 : "아, 진짜?? 몰랐어. 미안 미안~."

두 번째 상황에서의 대응:

나   : "오늘 평소보다 공이 잘 안 맞으시나 봐요. 기분이 많이 안 좋
         으시죠."

지인2 : "어? 제가 티 냈어요? 죄송해요."

이 정도로 끝나면 아름답다. 그런데 혹시 이렇게 말하기 어려운
대상과 상황을 만날 경우에는 다음과 같이 해 보자.

온통 바깥으로 향해 있는 마음을 내 몸이 있는 곳으로 방향을 바
꾸어 놓는다. 상대를 미워하는 마음에 가 있는 마음을 나의 샷에 집
중하는 방향으로 바꾸어 놓는 원리이다.

이때, 마음이 부드러워지고 몸이 이완되는 것을 느낄 수 있다.

다른 사람이 신경 쓰일 때

'마음 방향 바꾸기'

❶ 잠시 눈을 감고 숨을 한 차례 크게 들이쉬고 길게 내쉰다.

❷ 멀리 보이는 산이나 커다란 나무로 눈을 돌린다.

❸ 산의 능선을 따라 시선을 천천히 옮긴다. 마치 붓으로 그림을 그리듯 한다. 또는 나무의 전체 윤곽을 따라 눈동자를 옮긴다.

❹ 이제 다음의 문구를 속으로 되뇐다.

"내가, 편안한 마음으로 공을 치기를."

"내가, 평소대로 공을 치기를."

"내가, 결과에 상관없이 이 시간을 즐기며 공을 치기를."

평소에 시간을 내어 연습할 수 있다면 아래 방법을 추가해 본다.

❺ 위 문구 세 가지를 한 후 다음의 문구도 되뇐다.

"나와 함께하는 사람들이 건강하기를."

"나와 함께하는 사람들이 행복하기를."

"그리고, 함께할 수 있어 감사합니다."

34

평정심(3)

버디를 하고 나서

기준보다 하나 적은 타수로 공을 홀에 넣은 경우를 '버디'라고 한다. 버디는 '버디 잡았다'라고 표현하기도 하는데, 버디Birdie가 우리말로 '새'라서 그런 것 같다.

버디보다 한 타수 더 줄이면 이글Eagle, 두 타수 더 줄이면 알바트로스Albatross라고 한다. 전부 새다. 공이 새처럼, 독수리처럼, 알바트로스처럼 날아가는 것을 상상하게 된다.

첫 버디를 했을 때가 기억난다.

마치 홀인원한 기분이었다. 백돌이의 버디는 실력 향상의 증거이고, 모두가 축하해 준다. 캐디님의 도움을 받았다면 감사의 의미로 팁을 드리기도 한다. 절대 필수는 아니다.

그린에서 버디를 노리는 퍼팅의 순간은 엄청나게 긴장이 된다.

그날도 운 좋게 버디를 잡을 기회가 왔다. "벌뒤이~ 췌엔스!!" 하고 스크린 연습장 보이스 흉내를 내 주는 친구 덕분에 긴장이 살짝 풀린다.

평소 긴장을 빼는 루틴을 연습한 덕에 얼른 마음속으로 되뇐다. 표정, 턱, 승모, 목빗근에서 힘을 빼자, 힘을 빼자, 힘을 빼자.

이 부위들의 이완은 편도체 안정화에 즉각적인 도움을 준다. 뇌에서 감정을 담당하는 변연계에 위치한 편도체Amygdala는 불안, 긴장 등에 의해 활성화되는데 턱, 승모 등 특정 부위를 이완하는 방법으로 빠르게 안정화시킬 수 있기 때문이다.

효과가 있었던 것일까? 버디를 잡았다!

"나이스 버디~!!"

기분 째진다. 하지만 살짝 미소만 지을 뿐 침착한 표정을 꾸며 낸다. 이번 그린에서 퍼팅을 세 번째 하고 있는 동반자 앞에서 기쁨을 그대로 노출할 수는 없지 않은가.

전원 홀아웃을 하고 다음 홀로 이동한다.

입꼬리가 말려 올라간다. 어깨도 슬금슬금 올라가고 있다. 가슴 안쪽이 몽글몽글 간지럽다. 발걸음이 가볍고 곧 노래를 흥얼거릴지도 모르겠다.

아차, 이러면 안 된다. 경기가 안 풀려서 기분이 다운되는 것만큼, 경기가 잘 풀려서 들뜨는 상황도 좋지 않다는 것을 알고 있는 내가 아닌가.

골프는 18홀 내내 평정심을 유지해야 하는 운동이다. 침착하자.

우쭐한 기분으로 티샷을 날리고 나서 후회하지 않으려면 기억해 내야 한다. 명칭 붙이기 '침착해' 매뉴얼을.

마음이 들뜰 때

'침착해 침착해'

버디를 잡고 기분이 좋아 붕붕 뜰 때 도움이 되는 방법이다.

❶ 들뜸을 잡아 내기 위해 명칭 붙이기 매뉴얼을 떠올린다.

❷ '치임~차악~해애~'를 응원 가락처럼 되뇐다.
   ('뽀~뽀~해! 뽀~뽀~해!' 느낌)

❸ 박자에 맞춰 팔 윗부분, 가슴 등을 쓰다듬는다.

❹ '치~임 차~악' 박자에 쓰다듬기 한 번, '해애~' 박자에 쓰다듬기
   한 번.

이 방법으로 10초간 하다 보면 들뜸이 가라앉으면서 가슴 긴장이 내려
가는 느낌이 든다.

이때, 호흡이 안정되고 자만하는 마음에서 벗어날 수 있다.

35

회복력
실망하지 않고 경기를 즐기는 방법

지인1 : "잘 봐, 내가 지금 집어넣는다. 홀 왼쪽 끝 보고 치면 들어간다. 라이도 없고, 거리도 딱 좋아. 이거 넣으면 버디야. 나 버디하면 전원 파? 기도해라~."

라운딩하다 보면 가끔 이런 룰을 적용하는 멤버들이 있다. 누군가 버디를 하면, 그린 위에 공이 올려져 있는 나머지 멤버 전원은 오케이*를 주는 것이다.

어떻게 되었을까? 실패다. 촐싹대더라니.

---

* 오케이(Okay) : 홀에서 약 1~1.5m(시작할 때 정할 수 있음) 떨어진 공은 다음 샷에 넣을 수 있다고 가정하고 플러스 한 타를 추가하고, 홀 인으로 적용해 주는 룰이다.

큰소리를 쳐 놓아서 그랬을까. 표정이 급격히 어두워졌다.

실망하는 모습에 위로를 해 주고 싶었지만 워낙 장난기가 심한 친구라 위로가 더 닭살 돋을 것 같았다. "다음 홀은 꼭 해라~. 네 덕에 파 좀 해 보자." 정도로 마무리하고 이동했다.

그런데 이 녀석이 그 버디에 꽤 확신이 있었던 모양이다. 감정 회복이 더뎌 보였다. 슬쩍 다가갔더니 묻지도 않았는데 아까 놓친 버디샷 이야기를 줄줄 풀어놓는다.

지인1 : "아니, 아까 살짝 왼쪽이었거든. 처음엔 평지이다가 1미터쯤 전에 오르막이라 살짝 밀어서 친 거야. 내가 그 공 굴러가는 걸 다 머릿속으로 그려서 들어가는 상상을 했는데 말이야…."

나 : "그랬구나…. 대단하다. 들어가는 장면을 생생하게도 상상했네."

하도 아쉬워하니 내 마음이 많이 쓰였나 보다. 갑자기 명상 선생님 모드가 튀어나왔다.

나 : "그래도 상상할 때는 기분이 무지 좋았겠는데?"

이번에는 원하는 대답을 유도했다.

지인1 : "당연하지! 공 꺼내서 키스하는 세리머니도 있었는데. 우씨. 너희들 올파All Par 주면 얼마나 좋냐?"

기다리던 답이었다.

나　　 : "그러게. 나라도 너무 아쉬웠겠다. 근데 상상해서 더 아쉬웠던 건 아닐까? 상상에서 성공하고 기뻐하면 실망이 따라오고, 상상에서 실패하고 낙담하면 불안이 따라오거든."

윽. 지금 너무 선생님 모드다.
다행히 우울감이 컸던지 친구는 알아채지 못하고 말했다.

지인1 : "맞네…. 그런 것 같네. 후…. 야, 근데 어떻게 골프 치면서 좋아하지도 않고 실망하지도 않냐? 그런 게 다 재민데."
나　　 : "맞아, 맞아. 그게 재미지ㅋㅋ. 실제로 쳤을 때는 좀 좋아하고 실망하고 그래도 돼~. 대신 얼른 감정을 회복할 수 있는 방법을 떠올리면 되지. 기억하지? 내가 알려 준 거."
지인1 : "아, 네네~. 오른발 왼발, 나는 산이다, 괄약근 조이기."
나　　 : "오, 대박. 3종 세트 기억하네! 기특하구만."
지인1 : "아, 진짜로 좀 도움이 되더라고."

프로 선수라면 좀 이야기가 달라지겠지만, 일반인들이 경기에서 감정 표출을 극도로 자제하는 것은 재미를 반감시킬 수 있을 것이다. 따라서 플레이의 결과에 따른 감정 표현은 적당히 하며 즐기되, 얼른 회복하는 스킬을 익혀 두면 좋겠다.

단, 상상에서는 스윙과 공의 움직임까지만 떠올리길 바란다. 실망 또는 들뜸이 생길 수 있으니까.

> ┏ 우리는 삶에서 일어나는 일을 항상 통제할 수 없다. 일이 잘될 것이고, 잘되지 않을 것이다. 그러나 우리가 통제할 수 있는 것은 그 사건에 대한 우리의 반응이다.
>
> **- 켄 블랜차드**
> # 미국 출신 작가이자 비즈니스 컨설턴트인 동기부여 연설가

36

리액션
굿샤앗~ 낫뱃!!

지인1 : "굿 샤아~~~~?? 아이고…. 소리는 좋았는데. ^^;"

내가 티샷을 날리자마자 굿샷을 외치던 친구가 뒷말을 흐린다.
공이 날아가던 중반쯤 휘어지더니 시야에서 사라졌기 때문이다.
캐디님의 "가서 보실게요~" 하는 말과 함께 카트로 이동했다. 오
비를 낸 나의 표정이 굳어 있자 캐디님이 친구를 보며 말했다.

캐디님 : "더 지켜보다 외치셔도 될 텐데ㅎㅎ. 조금 성급하셨네요~."

친구는 나를 응원하려 한 것뿐인데 너무 빨리 남발한 리액션 탓
에 민망한 상황이 되었던 것이다.

샷을 날리고 나서 들리는 동반자들의 리액션 소리는 응원받는 느낌이라 기분이 좋다. 그래서 적어도 티박스에서만큼은 모두가 지켜보며 마음을 모아 서로를 응원한다.

잘못 맞으면? 숙연해진다. 그 기분을 공감하기에. 오히려 플레이어가 리액션을 한다.

"아, 오늘 왜 이러지. 템포가 빠른가…. 쯧."

라운딩에서 동반자를 응원하는 멘트는 여러 가지가 있다.

- **"낫 뱃, 낫 뱃(Not bad, Not bad)."** : '나쁘지 않아~'라는 뜻이다. 반드시 2회 연속으로 말한다.
- **"럭키!"** : 잘못 맞았지만 공이 죽지는 않고 살아난 경우이다. 예를 들어, 나가는 공인데 나무 맞고 들어오는 등 위기를 겨우 모면한 상황에서 쓴다.
- **"앞으로 갔으면 됐어."** : 코앞에 떨어질 때 해 주는 말이다.
- **"시동 끄고 다 갔네."** : 잘못 맞았지만 굴러서 꽤 멀리까지 갔을 때 해 주는 위로의 말이다.
- **"도로공사 협찬!"** : 카트 도로에 맞고 밖으로 나갈 수도 있는데 안으로 들어왔을 때를 말한다.

가끔, 내리막 도로를 타고 끝까지 구르는 경우에는 "전생에 나라를 구했네."라고 말하기도 한다.

반대로, 리액션 따위 전혀 관심 없는 사람도 있다. 티샷을 하건,

홀에 공을 넣건 말건 그냥 플레이에 집중한다. 심지어 버디를 했는데도 "나이스 버디~" 이걸 안 해 주는 사람이 있다. 하이파이브도 안 해 준다.

야속하다. 원래 그런 성향일 수도 있고, 내기에 의한 경쟁심일 수도 있다. 물론, 내 스코어 세기도 바쁜 시절에는 나도 다른 사람이 이글을 해도, 버디샷을 앞두고 있어도 알아차리지 못해서 리액션을 못한 경우가 있긴 하지만.

오히려 잘못 쳤을 때 리액션이 화려한 사람도 있다. 주로 자신의 샷이 망했을 때 드러나는데, 육두문자를 포함해 소리를 지르기도 하고, 골프채를 위협적으로 휘두르기도 한다. 공포스럽다.

이처럼 라운딩에서 리액션은 요리에서 빠지면 섭섭한 조미료의 역할을 해 주지만, 과하면 느끼하거나 맵고 짜서 못 먹는 음식을 탄생시키기도 한다.

> ⚑ 화가 나서 클럽을 내던질 때는 전방으로 던져라. 그래야 주우러 갈 필요가 없으니까.
>
> – 토미 볼트
>
> # 급한 성질로 유명했던 선수. 1958년 US오픈 우승자.

37

갈등

배려가 필요해요

"헉."

너무너무 깜짝 놀랐다. 뒤 팀에서 친 공이 내 바로 옆까지 날아온 것이다.

보통은 이런 일이 잘 일어나지 않는다. 캐디님들이 수시로 무전하며 간격을 유지해 주시기 때문이다. 그런데 그날은 노캐디 라운딩이었다. 네 명 다 초보는 아닌 데다 다들 한 번씩 와 봤던 골프장이라 익숙한 곳이었기에 노캐디를 선택했다.

가장 멀리 보내는 사람이 카트를 운전하기, 티샷할 때 나머지 멤버들이 공 어디로 가는지 봐 주기, 채는 각자 2~3개씩 들고 다니기, 퍼터는 그린까지 카트 운전하는 사람이 가지고 오기 등 자잘한 룰을 정한 후 라운딩을 시작했다.

전반 8번 홀에서 공이 바로 옆에 떨어져서 깜짝 놀랐지만 다치지 않았기에 모른 척 경기를 진행했다. 우리도 앞 팀이 빠지기 전에 공을 날리는 일이 없도록 주의하면서 공을 쳤다.

9번 홀에서도 공이 근처까지 날아왔다. "앞에 아직 있어요~"라고 뒤쪽으로 소리쳐 전달했다.

그늘집 브레이크 없이 후반전이 시작됐다.

11번 홀에서 나의 티샷이 숲으로 날아가 버렸을 때 동반자들이 입을 모아 말했다.

"멀리건."*

"감사합니다."

그리고 공을 하나 더 올렸을 때다.

내 뒤에서 알 수 없는 고함소리가 들렸고, 고개를 돌리니 여자 한 분이 빠른 걸음으로 다가오며 고래고래 소리를 질렀다. 왜 공을 여러 개 치냐는 말인 것 같다.

침착하게 설명했다. 오비가 났는데 동반자들 허락하에 하나 더 치는 중이라고.

급기야 그분은 내가 있는 티박스까지 쳐들어왔다. 왜 이렇게 매

---

* 멀리건(Mulligan) : 잘못 쳤을 때 동반자가 벌타 없이 한 번 더 기회를 주는 것. 정식 룰에 있는 규정은 아니고, 아마추어 라운드에서 사용되는 룰이다. 본인이 자신에게 멀리건을 줄 수는 없고, 동반자가 먼저 제안하는 경우만 가능하다.

너가 없느냐, 여기가 스크린인 줄 아느냐, 플레이가 왜 이리 느리냐
등을 따졌다.

일단 사과했다.

나　: "죄송합니다. 멀리건은 안 쓰겠습니다. 하지만 우리 플레이가
　　느리진 않습니다. 우리도 앞 팀을 기다렸다 치는 중입니다. 매
　　너를 말씀하시는데, 두 번이나 제 옆에 공이 떨어진 건 사과해
　　주셔야겠습니다."

나는 위기의 순간에 더욱 조곤조곤 말하는 경향이 있다. 순간 얼
음이 된 난봉꾼은 "그건 무, 뭐. 암튼 미안하고요. 빨리 좀 치세욧!"
하고 가 버렸다.

나의 동반자들은 어차피 앞 팀 빠질 때까지 기다리는데 왜 멀
리건 하나도 못 쓰냐며 반발하다가, 서로의 정신건강을 위해 자체
PGA 룰로 치자고 합의를 봤다.

이후에도 여러 번 시비를 거는 뒤 팀 덕에 확실히 알게 되었다.
나는 노캐디 체질은 아닌 것 같다. 캐디님의 도움을 받아 가며 불필
요한 부분은 신경 쓰지 않고 라운딩하는 것이 낫겠다.

물론, 이 경험을 함께했던 동반자 중 한 명은 여전히 노캐디 플레
이를 선호한다.

캐디 유무에 대한 각자의 취향은 다를 수 있지만, 앞 팀의 상황을 고려하지 않는 플레이어는 각성하길 바란다.

▶ 이기주의란, 내가 원하는 대로 사는 것이 아니라 타인에게 내가 원하는 방식으로 살라고 요구하는 것이다.

- **오스카 와일드**

아일랜드 소설가

38

잘 맞는 캐디
어떤 캐디가 좋으세요?

'캐디님', '캐디 언니', '○○○씨' 등. 사람마다 캐디님을 부르는 호칭이 다양하다.

아마도 가장 무난한 호칭은 '캐디님'일 것이다.

초보일 때 매우 좋은 캐디님을 만났다. 18홀 동안 많은 것을 배웠고, 그날 정했다. 아주 잘 치기 전까지는 캐디분들을 '캐디 선생님'이라고 부르겠다고.

라운딩에서 캐디의 역할은 명확하게 정해져 있다. 주로 골프장 상황에 대한 안내, 플레이 관련 조언, 그리고 안전 관리에 대한 것이다.

캐디가 없는 것이 일반적인 나라도 많다. 최근 우리나라에도 노캐디 라운딩을 운영하는 골프장이 꽤 있다.

카트 운전하기, 티샷 사인 주기, 홀 안내, 방향 알려 주기, 클럽 챙겨 주기, 라운딩 속도 조절하기, 공 찾아 주기, 거리 알려 주기, 퍼터 가져다주기, 라이 봐 주기, 그늘집 메뉴 주문해 주기 등 이 모든 일을 다 제공받을 수도 있고, 일부만 해 주는 분도 있다.

대체로 캐디백을 가지고 다니며 라운딩하는 서양 문화와 달리, 우리는 카트에 싣고 이동하기 때문에 캐디피를 지불하고 일정 부분의 서비스를 받는 것이 관행이다.

그런데 초보일수록 캐디의 영향을 많이 받게 된다. 경험이 부족해서 의존할 수밖에 없으니까.

라운딩 횟수가 늘어날수록 캐디의 스타일을 비교하게 되는데, 사람과 사람의 만남이다 보니 나와 맞지 않는 캐디를 만날 수 있다.

가끔은 속으로 그날 플레이의 결과를 캐디 탓으로 돌리기도 한다.

나와 잘 맞는 캐디님은 다음과 같다.

- 말수가 적지만 목소리는 작지 않은 분

- 중요한 정보는 놓치지 않고 제때 제공해 주는 분

- 골프 실력이 있어서 스윙을 봐 주는 분

- 센스 있고 말을 예쁘게 하는 분

- 무리하게 쪼거나 서두르지 않는 분

자, 그럼 생각해 보자. 캐디들은 어떤 회원과 잘 맞을까?

아마도 위 항목과 비슷한 스타일의 회원일 것이다.

좋은 캐디를 만나고 싶다면, 나도 좋은 플레이어의 모습을 갖추어야 할 것이다.

> ▶ 살아가는 데 중요한 것이 세 가지가 있다. 첫째는 친절, 둘째도 친절, 셋째 역시 친절이다.
>
> **– 헨리 제임스**
> # 미국의 소설가이자 비평가

39

안 맞는 캐디
타이거 우즈 되기

해외 원정 도박… 은 아니고 해외 원정 골프를 다녀온 적이 있다.

사계절이 따뜻한 곳에서의 라운딩은 우리나라 겨울에 다녀와야 제맛이다. 2인 플레이도 가능하고 캐디의 도움을 1:1로 받는 호사도 누릴 수 있다.

작년 겨울 원정은 7박 8일 중 7일간의 라운딩을 예약했고, 5일째 되던 날이었다.

라운딩 직전, 나와 동반자는 각자에게 배정된 캐디님과 인사를 나누었다. 매끄럽지 않은 대화를 엿듣고 고개를 돌려 바라보니 동반자의 캐디님이 영어를 거의 못하는 듯했다.

어찌어찌 소통을 하고 첫 홀에서 동반자가 티샷을 날렸다. 푸쉬(밀리는 샷). 공이 순식간에 시야에서 사라졌다.

"굿샷~."

동반자의 캐디님이 외쳤다.

응?? 나는 오비 같은데, 라고 생각했지만 일단 조용히 있었다.

동반자의 표정이 굳었다.

나도 티샷을 날렸고, 우리는 각자의 공을 찾아 세컨 플레이 위치로 이동했다.

왠지 모를 긴장감을 느낀 나는 동반자가 있는 곳으로 눈을 돌렸다. 공을 못 찾는 듯했다. 아까 캐디님이 굿샷이라고 했는데.

새로 공을 꺼내어 내려놓고 두 번째 샷을 준비하는 동반자. (OB라 이미 2개의 스코어를 잃었다.) 동반자가 캐디님에게 거리를 물었고, 캐디님이 말했다.

"180m."

응?? 딱 보기에도 100m가 안 되어 보이는데.

동반자가 나에게 거리 측정을 요청했다. 내 거측기가 알려 준 대로 말했다.

"90m."

동반자의 표정이 더 많이 굳어졌다. 동반자의 캐디님이 가져다준 클럽이 우드와 유틸이었기 때문이다.

그린에서 화룡점정을 찍었다. 캐디님이 퍼터를 안 가져와서 다시 카트로 뛰어갔기 때문이다. 오 마이 갓. 동반자의 얼굴이 울그락불그락했다.

이제는 나도 조마조마 눈치가 보인다.

홀아웃하고 카트를 타러 이동하는데 동반자가 말했다.

"환장하겠네."

참고로 나의 동반자는 평소 고운 말 바른 말 실천자이며, 당최 화도 잘 내지 않는 부류의 사람이다.

얼마 못 버티고 나의 동반자는 캐디 변경을 요구했다.

"미안하지만 변경하고 싶습니다."

열 받은 정도에 비하면 꽤 젠틀한 말투라고 생각했다. 캐디님이 물었다.

"전반전 끝나고 바꾸시면 안 될까요? 지금 바꿔 드려야 할까요?"

동반자가 즉시 답했다.

"롸잇 나우!!!!"

좀처럼 동요하는 일이 없는 동반자의 반응에 나는 왜 약간의 희열을 느끼는가? 궁금해하며, 다음 캐디님은 영어도 잘하고 실력 있는 분이길 기대했다.

도저히 견딜 수 없을 만큼 안 맞는 캐디를 만나면 어떻게 해야 할까?

1. 캐디 교체를 요청하고 미안한 마음을 건넨다.

2. 교체 없이 참고 견디며 계속 플레이한다.

3. 이러한 점이 불편하니 신경 써 달라고 정중하게 요청한다.

세 가지 경우 모두 쉬운 일은 아니다. 특히 한국인은 대체로 2번을 택한다. 왜? 1번과 3번을 택했다가 혹시라도 분위기가 무거워지면 동반자들에게 미안하기 때문이다.

정해진 답은 없다. 견딜 수 없는 이유와 정도가 다를 것이기 때문이다.

우선 판단해 보아야 한다. 위 세 가지 방법 중 라운딩에 가장 적게 부정적인 영향을 미치는 선택이 무엇인지.

그리고 상상하자. 나는 타이거 우즈라고. 타이거 우즈에게 캐디의 영어 실력, 라이 봐 주는 역량이 중요할까?

자 이제, 지금 나에게 캐디님의 도움은 필요 없다.

⚐ 캐디가 당신을 도울 수 있다고 생각한다면 당신은 아직도 골프를 모른다.

– 댄 젠킨스

#《골프 다이제스트》칼럼니스트.
2012년 '골프 명예의 전당'에 헌액되었다.

40

홀인원의 추억

홀인원 보험 가입하셨어요?

나　　 : "헐, 나 보험 가입 안 했는데?!"

참으로 당황스러운 상황이었다.

때는 바야흐로 선선한 가을. 파인스톤CC. 골프를 시작한 지 1년 5개월쯤 되었나.

그날 따라 안개가 자욱한 골프장은 꽤나 을씨년스러워 보였다. 12번 홀 파3 135m, 마지막 티샷 선수로 티박스에 올랐다.

나의 선택은 유틸 4번. 손끝에 산뜻한 타격감을 느끼고 공을 바라보았다. 홀 좌측에 떨어진 공이 빠른 속도로 홀을 향해 굴러가고 있었다. 응??

"홀인원? 홀인원?? 홀인위언??? 홀인원!!!!!!!!!"

홀인원!!

우리 멤버들과 지켜보던 뒤 팀까지 소리를 지르며 박수를 쳤다.

어안이 벙벙했다. 그 홀에서 멤버들은 공을 치지 않았고, 사진촬영과 세리머니로 시간을 보냈다.

이제 무얼 해야 하나? 머릿속이 복잡했다.

보통 홀인원을 하면 캐디님이 골프장에 알리고 증서를 만들어 준다. 그 증서를 보험회사에 제출하면 소정의 보험료를 받게 된다. 그 돈으로 잔치를 하라는 의미라나.

근데 보험 가입 안 한 사람들은 어쩌나? 생돈이 나간다.

자비로운 멤버를 만난 덕에 거한 식사 한 번으로 마무리했지만, 주변 사연을 들어 보니 가관이다.

캐디님께 회식비로 100만 원을 드렸다는 사람부터, 멤버들에게 음주가무를 제공한 것도 모자라 4인의 다음 라운딩 비용을 몽땅 제공했다는 사람도 있었다. 오죽하면, 홀인원을 해도 혼자만 알고 조용히 공을 빼 오겠다는 사람이 있을 지경이다.

최근 젊은 세대들이 골프에 뛰어들면서 골프 문화가 많이 바뀌고 있는 추세긴 하다. 홀인원을 해도 식사 한 끼 하며 축하를 받는 것으로 마무리하거나, 오히려 멤버들이 돈을 모아 기념 트로피를 만들어 주는 경우도 있다. 아름다운 문화다.

기억하면 좋겠다. 홀인원은 실력도 있겠지만 거의 행운에 가깝다고 볼 수 있다. 이 행운이 나에게 오지 말란 법이 없으므로, 이번 기회에 홀딱 벗겨 먹겠다는 생각보다는 동반자에게 3년간 행운이 있을 것이라는 미신을 적극적으로 믿어 보는 것이 마음 편하지 않을까?

물론, 이번 일로 불안해진 나는 결국 홀인원 보험에 가입하고 말았지만 말이다.

> ⚐ 멀리 가 보는 위험을 감수하는 사람만이 얼마나 멀리 갈 수 있는지 알 수 있다.
>
> — **T. S. 엘리엇**
>
> \# 시인, 극작가, 평론가

41

홀인원 상상하기
영화 한 편 찍으시죠

홀인원의 진한 추억은 무엇으로 남아 있는가. 홀인원 증서? 멤버들이 만들어 준 트로피?

글쎄. 그날 촬영한 동영상이 가장 세다.

나의 경우는 매우 창피한 수준이다. 준비가 되어 있지 않았고, 누구도 예상하지 못했으니까. 동영상 속 나는 어리바리한 표정으로 어… 어? 어… 하고 끝난다.

누군가 시켜서 후다닥 절하고 공을 꺼내는 장면이 담겨 있긴 하지만 아쉽기 그지없다. 미리 한 번쯤 나의 홀인원 장면을 상상해 봤더라면 달랐을 것 같다.

지금부터는 상상이다.

"홀인워어언~!!!!!"

아, 나의 두 번째 홀인원이다. 파3겠지?

나는 당당하고 우아하게 우리 팀과 뒤 팀을 바라보며 인사할 것이다. 홀인원 따위 나에겐 당연한 듯 손가락 하트라도 만들어 보일까? 윙크라도? 암튼.

모든 멤버들을 카트에 태워 그린으로 이동한다. 지금부터가 중요하다.

한 명은 촬영을 담당한다. 모든 장면을 영상으로 남긴다. 주인공은 바로 나.

다른 한 명은 멘트를 담당한다. 현장 생중계. 날짜와 시간, 골프장 이름, 홀 번호, 티샷 거리, 선택한 클럽 번호, 동반자 이름 등을 읊으며 오늘의 주인공을 띄워 준다.

나머지 한 명은 뭘 하냐고? 내 공 외 여기저기 흩어져 있는 멤버들의 공을 수거한다. 뒤처리는 깔끔해야 하니까.

이제 나는 여유롭게 걸어가서 홀에 꽂혀 있는 깃발을 잡고 멘트한다.

"역시, 멤버가 좋으니까 행운이 생기네요. 모두 여러분 덕입니다. 감사합니다. ^^"

다소 국어책 같은 멘트지만, '부모님께 감사합니다'보다는 낫지 않은가.

깃발을 뽑아 던지고, 큰절을 한다. 지난번 표정은 좀 덜떨어져 보였으니 이번엔 미소를 유지한다.

손가락을 곱게 뻗어 공이 잘 보이도록 건져 낸 다음 카메라를 바라보고 공에 키스를 한다. 흙 묻었으면 패스.

멤버들, 그리고 다섯 번째 멤버 캐디님을 포함해서 다 함께 기념 촬영을 하고 늦지 않게 홀아웃해 준다. 상상 끝.

이 상상은 한 번쯤 꼭 해 보길 권한다.

그때는 나도 몰랐다. 내가 홀인원할 줄은.

⌐ 성공한 당신의 모습을 마음속 사진으로 찍어 머릿속에 확실하게 각인시켜라. 그 사진이 잊히지 않도록 끈질기게 매달려라. 당신의 마음이 그 사진을 현상할 방법을 모색할 것이다.

- 노먼 빈센트 필

만인의 성직자라고 불리는 전 세계적 목사이자 연설가, 작가

42

스코어

정확하게 카운팅해 주세요

지인1 : "에이, 말도 안 돼. 그것보단 잘 칠 것 같은데?"

내가 평균 스코어를 말해 주면 돌아오는 반응이다.

내기를 자주 하는 것도 아니고, 내 주위에서는 그만한 정도도 잘하는 편이라 굳이 스코어를 속일 이유가 없다. 더구나 스코어를 줄이는 것도 아니고 늘릴 이유가 있을까?

물론 스코어를 엄격하게 카운팅하는 편이긴 하다. 멀리건도 안 쓰고 드롭*도 규정대로 한다.

---

* 드롭(Drop) : 페널티 구역에 들어간 공을 꺼내서, 정해진 구역으로 무릎 높이에서 떨어뜨려 굴러가다 멈춘 곳에서 플레이하는 것. 한 클럽 이상 굴러가면 다시 드롭해야 한다.

어떤 멤버들은 스코어 카운팅에 매우 관대한 경우가 있다. 일단 첫 홀은 일파만파(또는 일파올파)로 적는다. 첫 홀에서는 아직 몸이 안 풀렸으니 서로 봐주자는 것이다.

정확한 스코어를 알고 싶은 나는 중간에 슬쩍 내 스코어만 바꾸기도 하고, 가끔은 그냥 혼자 첫 홀의 정확한 스코어를 기억했다가 더하기도 한다.

어떤 사람은 마지막 홀도 전원 파로 기록한다. 그래야 또 골프 치고 싶은 마음이 든다고 한다. 마지막 티샷을 '잘 가요, 또 와요 샷'이라고 부르는 캐디님도 있는데, 마지막 홀을 기분 좋게 끝내고 다음에 이 골프장을 다시 찾아 달라는 의미인 것 같다.

이 정도는 양반이다.

전반 첫 홀과 막 홀, 후반 첫 홀과 막 홀, 총 4개 홀을 파로 처리하는 사람들도 있다고 한다. 아니, 그럼 한 홀당 2개씩만 줄여도 8타다. 싱글하기 참 쉽다!

좋은 스코어를 받고 기분 좋게 골프를 즐기고 싶은 사람이 있고, 자신의 실력을 정확하게 알고 싶은 사람도 있다. 프로 선수가 아니라면 어느 쪽이든 크게 문제될 것은 없다.

하지만 동반자들 중 누군가는 자신의 스코어를 명확하게 카운팅하고 싶어 할 수 있으니, 개인의 의사를 물어보고 원하는 대로 할 수 있도록 배려하는 것은 어떨까?

아마추어 라운딩에서 스코어보다 중요한 것은 함께하는 시간의 즐거움일 수 있으니까.

> ▶ 조사를 해 보면 골퍼의 80%가 라운드 중에 속임수를 쓴다고 답한다. 나머지 20%는 거짓말쟁이다.
>
> **– 브루스 렌스키**
> # 만화 작가, 카투니스트

43

간식 준비
고마움을 표현해 주세요

지인1 : "캐디님도 한잔하시죠?"

캐디님 : "어머, 저는 일하는 중인데~, 그래도 회원님이 주시니깐 받아
야죠!"

동반자가 간식(?)으로 캔맥주와 안주를 싸 왔다. 분위기가 깨질까
염려가 되어서 그런 건지, 주당이신 건지 캐디님도 흔쾌히 한 캔(?)
하셨다.

대단히 대단한데? 생각하며 나도 분위기에 맞춰 맥주를 홀짝였
다. 근데. 음? 카트… 음주운전 아닌가? 갑자기 불안해지기 시작
했다.

간식을 준비하는 유형:

- **Case 1** : 5개의 비닐 파우치를 준비한다. 각각의 파우치 안에는 캐러멜, 초콜릿, 단백질바, 비타민음료, 스넥 등이 들어 있다. 다섯 번째 멤버 캐디님을 포함해 5개를 가져오는 센스를 갖추었다.

- **Case 2** : 포트에 담긴 커피, 락○○ 통에 담긴 과일, 직접 만든 샌드위치를 준비한다. 틈틈이 나눠 먹는 컨셉이며, 18홀 내내 배고플 일이 없다. 종종 남은 것을 도로 가져가는 일도 생긴다.

- **Case 3** : 뭘 준비해? 새벽부터 이동하느라 바쁘기도 하고, 있으면 먹고 없으면 마는 성격이라 빈손이다. 클럽하우스 레스토랑에서 커피나 한잔 사 마시면 그만이다.

- **Case 4** : 간식은 필수지. 캔맥주와 오징어 안주를 가져간다.

더 다양한 스타일의 사람들이 있겠지만 나는 위에서 고르라면 Case 3 정도이다. 바빠서는 아니고, 보통 클럽하우스에서 식사를 하고 라운딩을 시작하기 때문이다.

그늘집을 이용하지 않는 멤버가 있을 수도 있고, 가끔은 그늘집에 들를 시간이 없는 라운딩도 있다. 그러면 아침에 일어나 이동해서 라운딩 시간까지 거의 6~7시간 이상 빈속이라 나는 거의 시작할 때 식사를 하는 편이다. 그러다 보니 간식은 굳이 필요 없고, 커피나 한잔 사서 마신다.

위 사례처럼 아주 가끔 캔맥주나 플라스틱 와인 하프보틀 같은 것들을 가져오는 사람이 있다.

라운딩에서 주류는 금지인 걸로 알고 있지만 누가 말리는 사람은 없다.

나도 술을 좋아하지만 과연 라운딩 중에 마시는 술은 어떤 점에 도움이 될까? 힘 빼는 데?

사람마다 차이가 있겠지만 나는 그늘집에서 목을 축이는 정도, 그리고 끝나고 도란도란 이야기하며 즐기는 술자리를 선호한다. 공에 집중할 때 취하는 건 방해되니까.

아마도 간식을 준비해서 오는 사람은 이런 마음일 것이다. 나와 같이 골프 치는 사람들이 배고프지 않고 든든한 뱃속으로 공을 잘 치기를 바라는 마음.

엄청난 배려다.

그러니 평소 간식을 즐기지 않는 사람이라 하더라도 마음을 표현해 주면 어떨까?

바쁜데 이런 것도 챙겨 주셔서 감사합니다, 라고.

> ⚑ 호의가 계속되면 권리인 줄 안다.
> **- 영화 <부당거래>에 나오는 대사**

44

정산
현금을 가지고 다니세요

동반자 중 첫 라운딩인 사람이 있었다.

첫 라운딩이라고 하기엔 비교적 잘해 나가고 있었다. 연습을 많이 한 것 같았다.

대단하다고 생각하며 전반전을 마쳤고, 그늘집에 들렀다.

센스 있는 캐디님이 미리 주문을 받아 주셨기에, 도착하자마자 테이블에 메뉴가 올라왔다. 어마어마한 사이즈의 떡볶이 & 튀김. 이 골프장의 시그니처 메뉴다.

누군가 "막사?"라고 말했고, 어느새 네 명의 눈앞에 막걸리 5 : 사이다 5 비율의 음료가 놓였다.

넉넉한 대기시간 덕분에 여유롭게 그늘집을 즐기고 막 일어나려던 참이었다. 오늘 첫 라운딩인 멤버가 말했다.

지인1 : "여긴 내가 쏠게. 계산서 어디 있어?"

지인2 : "…."

지인3 : "풉."

나   : "음…. ㅋ"

잠깐의 정적이 흘렀고, 한 명의 친구가 장난을 쳤다.

지인2 : "어, 계산서 카운터에 있나 봐. 잘 먹었어~."

첫 라운딩의 주인공은 주문하는 곳으로 갔고, 직원분과 한참을 이야기하는 것이 보였다. 그는 얼굴이 빨개져서 돌아왔고, 놀려 먹은 친구는 등짝을 한 대 맞았다.

재밌는 해프닝이었지만, 사실 그늘집 비용을 그곳에서 바로 결제하는 것이 불가능하지는 않다.

클럽하우스 체크아웃 및 정산하는 곳에 가면 "모든 비용 동일하게 나누면 되나요?"라고 물어본다. "예." 또는 "그늘집 비용은 저한테만 포함시켜 주세요."라고 하면 그린피·카트피는 N빵, 나에게는 그늘집이 추가된 비용을 알려 준다. 하지만 일반적으로는 그린피, 카트피, 그늘집 비용은 한꺼번에 N빵 해서 체크아웃할 때 계산한다.

지금이야 익숙해서 척척 처리하지만, 처음에는 무슨 비용의 종류가 이리도 많은지 헷갈렸다. 심지어 캐디피는 또 에어건 앞에서 계산하지 않던가.

생각해 보니 나도 처음에 캐디피를 현장에서 현금으로 내야 하는 것을 몰랐다. 마지막 홀에서 홀아웃을 하고 카트에 올라 다시 클럽하우스로 이동하면서 다들 주섬주섬 가방에서 돈을 꺼내길래 왜 저러나 했던 기억이 난다. 요즘 세상에 누가 현금을 갖고 다니나? 대부분 스마트폰으로 결제하는 세상인데.

다급하게 현금을 빌려서 냈고, 캐디님의 안내대로 클럽하우스 현금지급기 이용도 해 봤다.

그 외에도 혹시 모를 내기, 어쩌다 잡을 버디를 위해 어느 정도의 현금을 갖고 다녀야 한다.

TMI인 것 같긴 하지만, 검색해 보면 골프장 갈 때 현금 가지고 다니라고 판매하는 지갑이 많다. 골프지갑, 내기지갑, 머니클립 등의 검색어로 찾을 수 있다.

> ⚑ 가격은 우리가 내는 돈이며, 가치는 그것을 통해 얻는 것이다.
>
> — 워렌 버핏
>
> # 미국의 사업가, 투자가

라운딩 후

45

이완(4)

부상을 예방하려면

프로 선수들이 골프의 모든 과정에서 가장 중요하게 생각하는 단계가 무엇일까?

우리는 궁금함을 해소하기 위해 전·현직 프로 선수, 그리고 감독님들과 인터뷰를 진행했다. 골프 국가대표 감독을 역임하신 김태훈 프로님의 말을 공유하고자 한다.

"골프 연습, 그리고 시합을 통틀어 가장 중요한 것은 시작할 때의 스트레칭과 끝난 후 스트레칭이라고 생각합니다. 저는 선수들이 30분 이상 스트레칭하지 않으면 골프채를 못 잡게 합니다. 연습이나 시합이 끝날 때도 마찬가지입니다. 스트레칭이 필수입니다."

의외였다. 경기력과 스코어가 가장 중요한 시합 때조차 시작도 스트레칭, 끝도 스트레칭이라니.

사실 우리는 마무리 스트레칭은 해 본 적이 없었다. 끝나자마자 맛집 검색하느라 바빴으니까.

그래서 우리는 이것을 실천해 보기로 했다.

마음을 먹었는데도 초반에는 종종 마무리 스트레칭을 까먹었다. 18홀을 다 돌고 나서 클럽 개수 확인, 카트에 남겨진 물건이 없는지 확인, 에어건으로 신발 털기, 캐디피 정산, 트렁크에 캐디백 싣기 등 할 일이 많기 때문이다.

정신없이 마무리하면 서둘러 사우나해야 한다. 여성들은 시간이 오래 걸리니까.

그래도 꾸역꾸역 실천해 보았다. 그리고 알게 되었다. 마무리 스트레칭을 할 때와 하지 않을 때의 차이를.

우선, 다음 날 컨디션에 영향을 미친다. 몸의 뻣뻣함이나 피로감에 차이가 있다. 만약 이틀 연속 라운딩할 기회가 있다면 더 확실히 체감할 수 있다. 어제 라운딩 후 마무리 스트레칭을 하지 않고 오늘 라운딩을 하면 어제 불편했던 몸 증상을 그대로 다시 경험하게 되는 일이 발생한다.

무엇보다 중요한 것은, 뇌를 속이고 싶다면 반드시 마무리 스트레칭을 해야 한다는 것.

뇌는 오늘의 경험을 몸에 새겨 무의식적으로 기억한다. 오늘 마

음에 드는 샷이 나왔다면, 반드시 연습장에 가서 그 샷을 다시 연습
하자. 뇌가 기억하도록. 오늘 마음에 안 드는 경기를 했다면, 반드
시 스트레칭하며 몸이 오늘 일을 잊게 하자.

이제 매 라운딩마다 마무리 스트레칭을 할 수밖에 없는 이유를
모두가 공감하실 것이라 생각하며 다음의 방법을 제안한다.

빠른 회복이 필요할 때

'밀당 스트레칭'

❶ 어린이 노래 순서 떠올리기

'머~리, 어깨, 무릎, 발, 무릎, 발' ➡ '머~리, 어깨, 무릎, 발, 허~리'로 변형

❷ 머리 : 오른쪽으로 돌린 후 끄덕끄덕 동작을 4회 반복한다. (천천히, 왼쪽도)

어깨 : 오른쪽 팔을 쭉 펴고 왼쪽 팔로 오른쪽 팔을 걸어 가슴 쪽으로 당긴다. (반대쪽도)

무릎 : 11자로 선 상태에서 오른발을 뒤로 보내고 왼쪽 무릎을 굽힌다. 이때 오른쪽 발 뒤꿈치를 바닥으로 밀어낸다. (반대쪽도)

발 : 한쪽 발 바깥 날을 바닥으로 밀기, 발 안쪽 날을 바닥으로 밀기, 발가락을 바닥으로 밀기, 발 뒤꿈치를 바닥으로 밀어낸다. (반대쪽도)

허리 : 골반에서 가슴 정도의 높이(예를 들어 카트 손잡이, 의자 등받이 등)에 양손을 쭉 뻗어 올리고, 뒤로 두세 걸음 물러나서 엉덩이를 뒤로 쭉 뺀다. 머리와 척추를 일직선으로 만들고 엉덩이 쪽으로 밀어 준다.

46

이완(5)

꿀잠을 자고 싶다면

중거리 이상의 달리기에서 페이스메이커의 역할은 중요하다. 페이스메이커는 함께 경기하며 속도를 조율해 준다.

계속 달리는 상황에서는 내가 평소처럼 뛰고 있는지, 평소보다 느린지 빠른지 알기 어렵다. 여러 가지 이유로 몸이 무겁거나 컨디션이 오르락내리락할 수 있는데, 이때 함께 달리는 누군가를 기준 삼는다면 밸런스를 맞추거나 기복을 줄일 수 있다.

나에게는 골프를 즐길 때 페이스메이커 역할을 해 주는 친구가 있다. 우리는 자주 함께 라운딩을 즐긴다. 그런데 이 친구에게는 치명적인 단점이 있다. 종종 개그 욕심을 부린다는 점이다.

그날도 친구는 기어이 나에게 한 방을 먹였다.

지인1 : "야, 포도주 알지? 포도주. 포~도~주~."

나   : "어, 와인. 알지. 왜?"

지인1 : "북Book의 복수는 북스Books야. 그럼 포도주의 복수는 뭐~게?"

나   : "…."

지인1 : "포도주스!! 아하하~~~~~ 재밌지, 재밌지!!"

나   : "…."

하…. 어이가 없어서 힘이 탁 풀렸다.

보통 연달아 두세 개 하는데 오늘은 한 개인 게 어디야, 하며 이번 홀 세 번째 샷을 하러 이동했다.

나 세뇌된 건가. '포도주, 포도주스, 포도주, 포도주스으~' 왜 이 멘트가 계속 떠오르는 걸까, 하며 어드레스, 스윙을 했다. 순간 악! 소리를 지를 뻔했다.

그야말로 찐 뒤땅. 공 뒤쪽 잔디를 찍듯이 내리치는 스윙이 되어 버렸는데, 하필 그 위치가 폭신한 잔디가 아니라 딱딱한 땅이었던 것이다.

손가락 끝부터 팔 위쪽으로 전율이 느껴지고 심지어 갈비뼈에 강한 충격이 느껴졌다.

하…. 그놈의 포도주스.

미스샷의 원인으로 포도주스 핑계를 대려는 나에게 어이없어 하면서도 괜히 친구를 한번 째려봤다.

라운딩을 마치고 집으로 가면서 상반신 근육이 온전하지 않은 것이 느껴졌다. 큰 부상은 아니었지만 갈비뼈 부근이 뻐근했고, 어깨와 팔뚝 어딘가가 뭉친 느낌이 들었다. 일부러 따뜻한 물에 몸을 담그고 사우나도 했건만 찌뿌둥함은 계속되었다.

'자면 좀 낫겠지.' 하며 누웠는데 온몸이 아직 긴장을 풀지 못하고 각성되어 있는 것이 느껴졌다. 이대로 잠들면 딥슬립에 실패하거나 자다가 깰 것이 분명했다. 아침에 일어나는 상태는 잠들기 전 상태일 가능성이 높다.

따라서 수면 전문가들은 잠들기 전 최대한 편안한 몸과 마음 상태를 유지하라고 말한다.

밤새 불편한 각성상태를 유지하는 일을 겪고 싶지 않다면, 매일 밤 반듯하게 누워서 잠시 동안 다음 프로세스를 따라 해 보기 바란다.

쉽게 잠들 수 없을 때

'바디 스캐닝'

❶ 몸이 편안한 자세를 찾아 눕는다. 편안하게 호흡한다. 몸의 많은 부분이 바닥에 닿는 것이 좋고, 이불을 덮어도 된다.

❷ 바닥에 닿아 있는 머리 부위를 편안히 한다. 무게감, 눌린 느낌이나 면적을 느낀다.

❸ 바닥에 닿아 있는 어깨 부위를 편안히 한다. 닿은 어깨 면적, 눌린 느낌, 온도감을 느낀다.

❹ 바닥에 닿거나 떠 있는 등 부위를 편안히 한다. 편안히 하는 부위마다 힘이 빠지고 이완되는 것을 느낄 수 있다.

❺ 위 방법으로 팔, 엉덩이, 허벅지, 종아리, 발 뒤꿈치, 발가락까지 이어 간다. 머리끝부터 발끝까지 깃털로 쓸어내리듯 구석구석의 감각에 집중하며 이동한다.

❻ 발끝까지 오기 전에 다른 생각이 끼어들었다면 다시 머리부터 시작해도 좋고, 기억나는 부위부터 이어 가도 좋다.

경험상, 대부분 종아리까지 오기도 전에 코를 곤다.

47

평정심(4)
매일 연습하세요

인스타 영상을 무한 반복 돌려 보는 중이다. 어느 프로 선수가 아이언샷하는 영상인데 반해 버릴 정도로 스윙이 예쁘다.

흔들림 없는 하체, 적당한 각도의 상체, 무지막지한 허리의 꼬임, 단단하게 고정된 머리, 일정한 리듬의 다운스윙. 크…. 따라 하고 싶다.

계속 보다 보면 머릿속에 똑같은 스윙을 구사하는 내가 보인다. 정말로 그렇게 칠 수 있을 것 같아서 당장 연습장에 가서 해 보고 싶은 마음이 굴뚝같다.

그런데 이렇게 따라 하는 스윙은 '예쁠 수도' 있고 '나쁠 수도' 있다. 이 프로 선수의 몸과 나의 몸은 애초에 체형, 역량, 연습량 등이 다르기 때문이다.

프로 선수들은 골프를 더 잘 치기 위해 평소 근력 운동을 열심히 한다고 한다.

몸의 근력을 키우기 위해서는 평상시 꾸준히 웨이트 트레이닝을 해야 한다.

예를 들어, 팔 근력을 기르는 여러 가지 방법 중 아령을 활용할 때가 있다. 이때 아령을 계속 들고만 있는 것이 아니라, 팔을 접어서 수축하고 펴서 이완하는 동작을 반복한다. 몸은 수축과 이완을 반복했을 때 근육이 발달하고 근력이 향상된다.

그렇다면 마음의 힘, 마음근력은 어떨까?

골프에서는 몸만큼 마음의 근력도 중요하니까.

마음의 근력을 키우기 위해서도 평상시 꾸준히 마음챙김 훈련을 해야 한다.

여러 가지 훈련 방법이 있겠지만, 쉽고 간단하면서 언제 어디서든 할 수 있는 방법이 좋다. 그것은 바로 아령 대신 '호흡'을 가지고 하는 방법이다.

흥분한 사람에게 "천천히 심호흡해." 하는 말을 들었거나, 해 본 적이 있을 것이다. 자율신경계인 '호흡'은 감정 상태를 반영한다. 흥분하면 호흡이 가빠지고, 편안할 때 안정적이다.

자율신경계는 호흡, 심장박동, 소화액 분비 등 스스로를 보호하기 위해 작동하는 기능으로, 본능에 의해 움직이기 때문에 마음대로 조절하기 어렵다.

> 흥분함, 두려움, 불안함, 긴장됨, 초조함 등의 상태 ➡ 호흡이 빨라짐
> 편안함, 안정됨, 차분함, 고요함, 휴식함 등의 상태 ➡ 호흡이 느려짐

하지만 호흡은 조절할 수 있다. 잠시 멈출 수도 있고, 빠르게 또는 느리게 숨 쉴 수도 있다.

> 호흡을 빠르게 하기 ➡ 몸이 긴장하고 흥분됨
> 호흡을 느리게 하기 ➡ 몸에 힘이 없고 느려짐
> 호흡을 편안하게 하기 ➡ 몸이 편안하고 이완됨

위 세 가지 상태 중 어느 상태를 자주 연습하면 골프 실력에 도움이 될까? 당연히, 세 번째인 '호흡을 편안하게 하기'이다.

그런데 이게 당연한 말인데 참 쉽지가 않다.

길게 들이쉬고 내쉬는 것? 복식호흡하는 것? 눈을 감고 아무 생각 없이 숨 쉬는 것? 어떤 방식이 효과적일까?

자, 아주 간단하게 해 볼 수 있는 '들숨 날숨 호흡' 방법을 소개하겠다. 이 방법을 평소 자주 연습해서 마음근력을 키워 보자.

몸과 마음을 안정시킬 때

'들숨 날숨 호흡'

❶ 눕거나, 앉거나, 서거나 상관없다. 잠시 움직이지 않을 수 있는 자세로 눈을 감는다.

❷ 일부러 조절하지 말고 지금 하고 있는 그대로 숨을 쉰다.

❸ 들숨에 배가 부풀고, 날숨에 배가 가라앉는 것에 집중한다. 배와 가슴이 함께 움직여도 상관없다. 그저 부풀고 가라앉는 부위에 주의를 둔다.

❹ 이제 부풀고 가라앉는 움직임에 마음속으로 명칭을 붙인다. 부풀 때 '들숨', 가라앉을 때 '날숨', 부풀 때 '들숨', 가라앉을 때 '날숨'. 반복하다가 생각, 감각 등에 의해 들숨, 날숨 명칭을 놓칠 수 있다. 이때는 다시 3번으로 돌아가 반복한다.

이 연습은 골프 실력뿐 아니라 평정심이 필요한 모든 순간에 도움이 된다.

"배 감각 느끼자"
- 오르락내리락

"배 감각이 어떻지?"
- 다시 집중함

"저녁에 뭐 먹지?"
- 딴생각 떠오름

"딴생각 했군!"
- 인지함

48

평정심(5)
지금, 이 순간

아무리 가까운 골프장이라고 해도 강남에서 최소 1시간은 이동을 하게 된다. 그러다 보니 종종 근처에 사는 멤버가 있으면 동승을 한다. 가는 길에 있는 사람을 태워 가거나, 중간에 접선 장소를 정해서 합류하기도 한다. 얻어 탄 사람이 밥을 사기도 하고, 캐디피를 내 주는 경우도 있다.

그날은 내가 얻어 타고 이동하게 되었다.

격하게 친한 사이는 아니었지만 나름 대화가 잘 통해서 갈 때는 조잘조잘 대화하며 갔는데, 오는 길은 조금 조용했다. 거의 여름 날씨라 땀을 많이 흘렸더니 살짝 탈진한 느낌이 있었기 때문이다.

나른한 상태로 운전자가 졸음운전을 하면 안 되기에 억지로 입을 떼며 띄엄띄엄 말을 걸었는데, 눈치를 챘는지 운전자가 슬쩍 오디

오를 켰다.

음악 앱으로 신나는 음악이라도 들려주려나 기대했던 나는 신기한 소리에 잠이 싹 달아났다.

딱. 딱. 딱. 딱. 딱.

무한 반복되는 '딱' 소리가 일정하게 흘러나왔다.

운전자는 잠시 당황하며 다른 음악을 틀어 주겠다고 했다.

"이게 무슨 소리예요?" 내가 물었다.

"아…, 메트로놈이라고, 그 템포 맞추는 기계 소리예요."

메트로놈Metronome. 박자나 템포를 나타내는 기구로, 시계추 원리를 응용해서 만들어졌다.

오디오를 켜자마자 흘러나왔다는 건, 직전에 듣던 음악(?)이라는 이야기다. 그러니까, 이걸 평소 왜 듣고 다니는 건지 궁금했다.

솔깃한 답변이 돌아왔다.

골프 칠 때 효과가 있다고 했다. 적당한 메트로놈 템포를 찾아서 그걸 무한 반복 듣고 스윙할 때마다 떠올리라는 것이다. "안 맞으면 어쩌지?" "뒤땅 치면 어쩌지?" "오비하면 어쩌지?" 하는 불필요한 생각에서 벗어나 지금 스윙하는 그 순간에만 몰입할 수 있다고 했다.

그야말로 지금 이 순간에 머물기, Here & Now이다.

마음챙김 훈련에도 비슷한 원리가 있다.

고민에서 벗어나려고, 또는 업무 스트레스를 줄이려고 노력해도 잘되지 않을 때 특정 소리에 귀를 기울이게 한다. 예를 들면 싱잉볼 Singing Bowl을 때려서 소리가 나게 만들고 그 소리의 시작부터 끝까지 놓치지 않고 듣는 훈련이다.

싱잉볼은 놋그릇처럼 생긴 것을 나무 스틱으로 때려서 종소리를 나게 하는 명상 도구로, 티베트나 네팔 등의 지역에서 많이 생산된다. 이 소리를 들으면서 스트레스가 해소되는 느낌을 받거나, 소리에 집중하는 사이 복잡한 생각이 줄어드는 효과를 얻을 수 있다.

자세한 프로세스는 다음 매뉴얼을 참고하자.

몰입하고 싶을 때

'싱잉볼 소리'

❶ 조용한 곳에 위치하고 싱잉볼을 준비한다. 싱잉볼이 없다면 스마트폰에서 관련 앱을 다운받아 플레이해도 좋다.

❷ 싱잉볼을 한번 두드리고 소리의 시작부터 끝까지 귀를 기울여 듣는다.

❸ 소리가 완전히 끝났다고 느껴지면 잠시 여운을 느낀 후 다시 한번 두드린다.

❹ 2~3번 단계를 몇 차례 반복한다.

❺ 머릿속 생각이 줄어들고 몸이 편안해지면, '들숨 날숨 호흡'을 이어서 해 봐도 좋다.

'싱잉볼 소리'는 평소에 연습해 두면 도움이 된다.

메트로놈 소리 듣기는 길게 하기 어렵기 때문에(반복적으로 계속되다 보니 다른 생각이 나기 쉽다) 스윙 연습할 때 적용하는 것이 효과적이다.

메트로놈 소리로 변형하기

❶ 연습할 때 이어폰을 끼고 메트로놈 소리를 설정한다.

❷ 소리에 귀를 기울여 집중하고 템포에 맞춰 스윙한다.

❸ 필드에서 스윙할 때 메트로놈 템포를 떠올린다.

49

평정심(6)

경기력을 올려 보세요

- **다혈질** : 쉽게 흥분하고 욱하는 성격이나 모습을 보이는 성질
- **차분함** : 마음이 가라앉아 조용함

가끔 나에게 참 차분하다고 말하는 사람이 있다. 이 말을 들을 때마다 "제가요?"라고 되묻는다.

"네~ 참 안정적이고 차분해 보여요."

아마도 내가 기억하는 나는 참 다혈질이기에 다시 한번 듣고 싶은 말이라 그런가 보다.

살면서 가장 바람직했던 순간을 꼽으라면, 마음에 대한 공부를 일로 선택한 날이다.

직장인으로 지내던 어느 날 갑자기 마음건강 관련 일을 제안받았다. 새로운 것은 대체로 좋아하고, 큰 조직을 경험해 볼 기회라고 여겼기에 몸을 실었다.

직장인의 마음건강 증진이라니. '건강'이라는 영역에 '마음건강'을 포함하는 개념이 익숙하지 않았을 때라 더 의심이 많았다.

대학원에서 심리학을 공부했지만, 애초에 학부 전공은 수학이었던지라 모든 것이 말로 설명되어야 하는 논리 구조를 가진 사람이다. 선명하지 못한 설명, 흐리멍텅한 논리를 만나면 기다리지 못하고 정리를 해 버려야 했다.

뾰족하고 차가웠다. 마음에 공간도 없었던지, 나의 냄비 뚜껑은 작은 일에도 펄펄 끓어 딸각딸각 부딪치는 소리를 냈다.

마음에 대해, 마음건강에 대해 공부하면서 행동과 생각이 많이 바뀌었다.

여전히 부족하고 10년 후 지금을 돌아보며 한심해하겠지만, 지금 이 순간만큼은 만족한다. 어제보다는 나은 것이 확실하기 때문이다.

'남다름'은 비교의 개념이 포함되어 있어서 '나다움'이라는 표현을 더 좋아한다. 그래서 '나답게' 변하는 방법에도 관심을 기울였다.

예를 들면, 골프를 취미로 갖게 되면서 어떻게 하면 '마음훈련'을 골프에 적용해서 효과를 볼 수 있을까? 하는 쪽으로 생각하고 다음과 같이 시도했던 것이다.

향수를 사용하지 않지만 좋아하는 아로마 향이 있다. 평소, 일이 잘 해결되지 않을 때마다 아로마를 활용해 평정심을 되찾는 방법을 연습해 왔는데 이것을 다른 분야, 즉 골프에도 적용할 수 있다.

좋아하는 것으로 마음을 훈련시켜 취미생활의 성과를 올릴 수 있다니.

그야말로 일석이조 유레카다.

차분함이 필요할 때

'아로마 향기'

❶ 좋아하는 아로마 오일을 몇 가지 준비해 둔다. 기분이나 상황에 따라 그날 더 마음에 드는 향을 고를 수 있다.

❷ 디퓨저나 다른 도구를 사용해도 좋고, 원액 그대로 티슈에 떨어뜨려 발향시켜도 좋다.

❸ 향기가 느껴지는 거리에 편안하게 앉아 눈을 감는다.

❹ 자연스럽게 호흡하며 향기에 집중한다.

❺ 좋다, 나쁘다 하는 판단이 아니라 향기가 어떻다 하는 감각을 단어로 표현한다.

'지금 향기가 느껴진다', '더욱 진해졌다', '연해졌다', '코 아래에서 느껴진다', '얼굴로 퍼진 느낌이다', '달콤한 향이다', '상큼한 향이다', '향이 나지 않는다' 등 감각 그대로 알아차린다.

❻ 다른 생각이 올라와서 향기를 놓치면 그저 다시 향기를 맡으며 4번부터 반복한다.

골프장으로 이동할 때 이 향기를 주변에 두면 심신 안정에 도움이 될 것이다.

50

평정심(7)
마음의 평화가 찾아와요

"나 입스* 온 것 같아."

친구가 말했다.

심지어 어떤 선수는 입스를 겪고 회복이 안 되어서 아예 은퇴를 하는 경우도 있다고 하니, 가볍게 넘길 일이 절대 아니다.

친구가 괜히 밑밥(낚시질, 죽는 소리 등으로 상대방을 방심하게 만들어 자신을 경계하지 못하게 하려는 의도가 담겨 있는 말)을 까는 건 아닐까 생각했다. 하지만 정말로 라운딩 내내 안절부절못하며 예전 기량을 보여 주지 못하는 모습에 덩달아 불안해졌다.

---

* 입스(Yips) : 프로 선수가 어처구니없는 실수를 하거나 한동안 이 증상이 계속되는 경우. 또는 이전 샷의 실패에 대한 두려움으로 발생하는 각종 불안 증세.

그래도 완전히 무너지지 않고 있는 게 다행이라며, 요즘 갑자기 명상도 하고 색칠 공부도 한다고 했다.

명상은 알겠는데, 다 큰 어른이 색칠 공부라니.

내가 의외라는 표정을 짓자 친구가 장황하게 설명을 해 줬다.

심리적 문제인 것 같아서 책의 도움을 받을까 싶어 서점에 갔다고 했다. '마음의 평화를 위한 책'이 많았고 그중 어떤 책은 페이지마다 그림이 그려져 있었는데, 거기에 색을 칠하도록 색연필도 함께 붙어 있었다고.

점심시간에 밥을 먹고 나서 매일 20분 정도 색을 칠하는 시간을 갖는데 그 활동을 하는 동안에는 두려움도, 분노도, 생각도 올라오지 않는다고 했다.

나는 무슨 그림이냐고 물었다.

지인1 : "꽃도 있고, 동물도 있고, 어떤 페이지는 유명한 화가의 그림 도안도 있어. 다 칠하고 나면 꽤 잘했다는 생각이 들 때도 있고 뭔가 뿌듯한 기분도 들어."

일단 불필요한 생각을 잠재우는 것에는 도움이 될 것 같았다. 무엇보다 평소 규칙적으로 뭔가를 하고 있다니 칭찬해 주고 싶었다.

지인1 : "주말에는 아이랑 같이 했는데 더 재밌더라고. 아이가 엄청 집중하더라. 다 하고 나서 비교해 보니 나는 왜 이렇게 창의성이 떨어지는지. 애는 막 빈 공간도 뭘 해 놨는데, 난 딱 그림만 채운 거 있지? 그래도 머리 맞대고 앉아서 뭔가 같은 활동에 집중하고 있다 보니 애랑 대화할 거리도 생기고 좋더라."

의외의 발견이지만 보너스 혜택도 누리고 있나 보다.

실제로 색을 칠하는 활동은 마음을 평화롭게 만드는 데 도움이 된다. 집중하는 동안 잡생각이 나지 않고, 고도의 집중 활동은 미묘한 기쁨도 일으키기 때문이다.

무엇보다, 쉽고 간단해서 참 좋다.

입스가 왔을 때

'색칠하기'

❶ 도안과 색연필 또는 여러 가지 색의 펜을 준비한다. 도안은 지나치게 복잡하지 않고 좌우 대칭 그림이면 더 좋다.

❷ 가능하면 자리를 이탈하지 않고 한 자리에서 색칠하기, 덧그리기 등을 하며 그림에 마음이 머물도록 한다.

❸ '예쁘다, 밉다', '맞다, 틀리다', '잘한다, 못한다' 등의 판단은 하지 않도록 한다. 그저 원하는 대로 색을 칠하는 것에 집중한다.

❹ 중간에 하기 싫거나 다른 생각이 올라와서 색칠하기를 멈추고 싶어지면 색칠하기를 완성하는 게 좋을지, 멈추는 게 좋을지 스스로에게 물어본다.

❺ 완성하는 게 좋다고 생각되면 끝까지 마무리하고, 멈추는 게 좋다고 생각되면 잠시 호흡을 가다듬은 후 활동을 중단한다.

51

트라우마
극복의 대상이 아니라 친구로 만드세요

갈비뼈에 금이 간 적이 있다.

지인1 : "참 힘도 세다. 뭘 얼마나 세게 휘두르길래 갈비뼈에 금이 다
　　　　 가나…."

친구의 한심하다는 표정이 기억난다.
잘 때 돌아누우려고 힘을 주면 으악.
너무너무 재밌는 친구와 대화하다가 크게 웃으면 으악.
순간 순간 몸을 움직이는 어느 타이밍에 뜨끔뜨끔.
생각보다 오래 낫지 않아서 트라우마가 생긴 것 같다. 연습할 때
팔이 펴지지 않는 습관이 생겼다. 팔을 펴면 바닥을 칠 것 같아서

두려운 것이다.

프로님이 계속 자세를 교정해 주신 덕분에 어느 정도 회복을 했다. 그런데 이게 필드에 가면 원복이다. 바닥을 치는 게 두렵다 보니 자꾸 탑볼*이 나왔다. 손끝이 찡 하고 전기가 올 정도로 충격이 있다.

보다 못한 친구가 살포시 조언을 해 준다.

지인1 : "일부러 디봇**을 만든다고 생각해 봐. 공이 아니라 잔디의 위치에 집중하는 것도 좋아."

가끔 페어웨이가 (서)양잔디***인 골프장에 가게 되면 트라우마는 더 심해진다. 쉽게 설명하면, 그린에 깔린 잔디가 페어웨이에도 깔려 있는 경우다.

얇은 잔디가 클럽에 푹푹 패여 떨어져 나가는 것이 눈으로 보이니 다운블로우가 안 된다. 잔디에게 미안하달까(착한 척).

---

*　탑볼(Top Ball) : 공의 위쪽을 맞히는 것을 말한다.
**　디봇(Divot) : 클럽으로 볼을 쳤을 때 잔디가 패인 자리이며, 보통 공이 먼저 맞고 땅이 패이는 경우를 말한다.
***　서양잔디 : 잔디 잎이 짧아 지면과의 간격이 촘촘해서 임팩이 정확해야 한다. 따라서 강한 힘으로 찍어 내려 치는 다운블로우(탑에서 클럽 헤드가 내려오는 과정) 스윙이 좋다.
　　　조선잔디 : 잔디 잎이 뻣뻣하며 직립형에 밀도가 낮아서 공이 잔디 위에 떠 있는 경우가 많다. 이 경우 우드 스윙처럼 쓸어 치는 스윙이 좋다.

극복하는 방법은 무한 연습뿐이겠지만, 언젠가 '트라우마'에 대한 극복 방법을 배운 적이 있다.

사람들은 트라우마를 '극복'의 대상으로 생각한다. 하지만 이미 몸에 새겨진 경험은 무의식에 남아 없애기 어렵다. 그 트라우마가 강력한 것일수록, 없애려는 마음이 강할수록 고통스럽다고 한다.

따라서 트라우마를 한 명의 '친구'로 여기라고 했다. 대부분 심리적인 문제이기 때문에 그것을 알고 지내면 큰 문제가 없다고 한다.

"친구, 또 왔는가. 잘 쉬다 가시게." 정도의 마음으로 대하라는 내용이었다.

피할 수 없다면 즐겨라, 라는 말도 있듯이.

⚑ 일출과 일몰은 매일 있는 거란다. 네가 마음만 먹는다면 그 아름다움 속으로 언제든 들어갈 수 있단다.

― 영화 〈와일드〉 명대사 중에서

52

기록

내가 카메라를 꺼내는 이유

지인1 : "카메라를 반대로 뒤집어서 찍어 주세요. 그래야 다리가 길게
　　　　나오거든요. 햇볕을 등지고 찍어 주셔야 제가 밝게 나와요. 뒤
　　　　에 배경도 크게 나오게 해 주세요. 전신 한 번, 가까이서 한 번
　　　　찍어 주시면 감사하겠습니다."

요구사항도 많다. 그래도 귀요미니까 찍어 줘야지.

열 살도 넘게 차이 나는 후배와의 라운딩은 생각보다 즐거웠다.
뭐가 그리 재밌는지 사소한 일에도 까르르 웃어 대니 나까지 웃을
일이 많아졌고, 골프 실력과 무관하게 캐디님과도, 동반자들과도
발랄하게 의사소통하며 분위기를 밝게 해 줬다.

사진을 많이 찍어 주고 있는 것 같은데 계속 셀카도 찍어 댔다.

그렇게 다양한 포즈는 어디서 배워 오는 거니? 신기하고 귀여워서 시간 가는 줄 모르고 라운딩이 끝났다.

이후 모두가 각자의 차량으로 이동했기에 집에 도착하는 시간이 제각각이었다. 오늘의 라운딩 단체 카톡방에 "수고하셨습니다", "즐거웠습니다", "조만간 또 만나요" 등의 인사가 시간 차를 두고 올라왔다.

나도 집에 도착해서 가볍게 인사말을 올리고 샤워를 했다. 늦가을 선선한 날씨에 땀이 나지 않아서 골프장 사우나를 이용하지 않았는데, 막상 샤워를 하고 나니 피로가 풀리고 매우 개운했다.

약간의 나른함을 느끼며 휴대폰을 들고 침대로 향했는데, 카톡 폭탄 채팅창을 발견했다. 아까 사진을 찍어 달라고 조르던 멤버와 나의 채팅방이었는데, 약 30여 개의 사진과 영상이 전송되어 있었다.

주인공은 나였다. 아니, 이 많은 걸 언제 찍었담.

왠지 민망하고 미안한 기분으로 사진과 영상을 확인했다. 그런데 예상치 못한 발견을 했다.

아니, 오늘 내 스윙이 이랬다고?

너무 실망스러웠다. 시간과 비용을 들여 교정했던 왼쪽 팔 접는 습관이 순간 순간 튀어나오는 것을 발견했다.

피니시는 왜 하다 말지? 왜 이리 스윙이 빨라? 팔로 치고 있구만! 뭐가 그리 궁금해서 고개를 번쩍 번쩍 드는 거야? 티 뽑을 때 다리 좀 오므리지.

그제야 알게 되었다. 가끔은 카메라를 꺼내 "저 스윙할 때 좀 찍어 주세요."라고 부탁해야 하는 이유를. 비록 그녀와 나의 촬영 목적이 다소 다를 수는 있겠지만 말이다.

> ▶ 18홀에서 스윙하는 시간은 합쳐서 고작 5분 정도다. 나머지는 반성을 위한 시간일 뿐이다.
>
> – 잭 웨스트랜드
>
> # 미국 정치인, 아마추어 골퍼

53

취미와 행복
우리 아내가 달라졌어요

골프가 부부 둘 중 한 사람만의 취미였을 때 친구가 이렇게 말했다.

베프 : "꼴 보기 싫어 죽겠어. 평일에도 맨날 밤늦게 들어오면서 주말만 되면 새벽에 나가고 또 밤에 들어와. 애들이 좀 크긴 했지만 그래도 아빠가 주말에라도 좀 함께해야 하는 거 아니야?"

친구의 말에 동조해야 하건만, 나는 친구의 남편과도 오랜 시간 알고 지냈고 그도 나와 친구 사이다.

베프 남편 : "회사 사람들하고 라운딩 잡히는 걸 어떻게 해. 단체로 가는

데 나만 빠져? 나도 사회생활 해야지. 아니, 부부 동반 라운딩도 자주 잡히는데 와이프가 못 치니까 같이 못 다니는 거잖아."

이 말도 틀린 말이라고 하기는 어렵다.

둘이 다투고 친구가 우리 집에 피신을 와서 술 한잔 할 때면 나야 수다 떨고 좋지만, 공격의 대상이 또 다른 친구라 마냥 즐겁지만은 않았다.

그러다 2~3년쯤 지나니 우리 셋 모두 골프를 치는 사람들이 되어 있었다. 각자 열심히 골프를 즐기러 다녔고, 또 어떤 날은 함께 했다.

몇 번만 경험해 봐도 알 수 있지만 골프는 정말이지 마음이 맞는 사람과 해야 하는 운동이다.

처음에는 좀 걱정이 되었다. 두 사람이 라운딩 중에 다투거나 해서 분위기가 험악해지면 어쩌나. 멘탈이 심하게 흔들릴 것 같았다. 그런데 막상 라운딩을 나가서 불필요한 생각이었다는 것을 알게 되었다.

우선 주말에 라운딩하는 즐거움을 알게 된 친구는 최근 남편보다 더 자주 라운딩을 나간다. 과거 지은 죄(?)가 있다고 생각했던 남편은 한동안 아내의 주말 라운딩을 무한 지원했다. 초보일 때 바짝 하지 않으면 중단하게 될지 모른다며 오히려 밀어 주었다.

아내가 어느 정도 연습이 되어 백돌이를 벗어나자 라운딩에 함께 가는 일이 늘어났다. 가끔 티격태격하지만 서로의 샷을 응원하며 알콩달콩했다.

대화가 늘었다고 했다. 공통의 취미를 갖게 되다 보니 서로 대신 부킹을 해 주기도 하고 정보도 주고받는다고 했다. 보기 좋기도 하고 눈꼴사납기도 하다.

친구로서, 골프 메이트로서 건강한 취미생활을 함께 영위할 수 있는 기회가 생긴 것은, 긴 인생을 함께하는 부부에게 행운이 아닐 수 없다.

살아가면서 가장 큰 스트레스를 주는 대상은 배우자라고 한다. 그런데 아이러니하게도 배우자가 없는 사람보다 배우자가 있는 사람의 행복지수가 더 높다고 한다. 그러니 이미 결혼했다면, 같은 취미로 골프를 해 보는 것도 좋겠다.

▶ 결혼이란 단순히 만들어 놓은 행복의 요리를 먹는 것이 아니라 행복의 요리를 둘이서 만들어 먹는 것이다.

– 출처 미상

54

부부싸움

약은 약사에게, 레슨은 프로에게

부부 간에 절대로 해서는 안 되는 것으로 단연 '운전 교육'을 꼽는다. 나는 부부 간에 절대로 해서는 안 되는 것으로 '골프 레슨'을 추가하고 싶다.

남편보다 일찍 골프를 시작했던 친구가 있다. 이 친구는 골프를 꽤 잘 친다. 80대 초반을 한동안 유지했으니 곧 70대로 진입할 것 같다. 싱글 플레이어가 목전이라는 얘기다.

잠시 타수별 명칭을 이해하고 넘어가겠다.

- **언더파** : 18홀을 규정 타수 이하로 치는 경우 (보통 71타 이하)

- **이븐파** : 18홀을 규정 타수와 동일하게 치는 경우 (보통 72타)

- **싱글 플레이어** : 18홀을 규정 타수보다 1~9타 이내로 오버해서 치는 경우

(보통 72~81타)

- **보기 플레이어** : 홀마다 규정 타수보다 1타씩 오버해서 치는 경우 (90타 전후)

조금 비하하는 의미가 포함된 명칭이지만 함께 소개한다.

- **백돌이** : 100타 이상 치는 경우
- **골린이** : 스코어를 세는 것이 무의미한 경우

어쨌든 곧 싱글이 될 친구는 남편과 무척 사이가 좋다. 아니, 좋았다. 사이가 좋았기에 남편의 골프 시작을 부추겼고, 기쁜 마음으로 레슨도 담당했다.

연습장에서 사이좋게 연습을 이어 가다 이제 벙커샷도 좀 연습해 보고 싶다는 남편의 기특(?)한 요청에 친구와 남편, 그리고 눈치 없이 나도 끼어서 같이 벙커 연습을 하러 갔다.

찾아보면 실내외 숏게임 연습장에 벙커샷을 무한 반복해서 연습할 수 있는 곳들이 있다. 막상 라운딩을 나가면 벙커는 탈출하는 곳이지 연습하는 것은 상상도 할 수 없기에, 지인들에게 반드시 가서 연습해 보라고 추천하는 코스다.

연습장에서 안정적으로 스윙하던 친구의 남편은 환경이 달라지자 우왕좌왕하기 시작했다. 속절없이 흙 속에 파묻히는 클럽 때문에 공을 맞히지도 굴리지도 못하자 친구의 레슨이 거칠어졌다.

"아니! 그렇게 말고, 아까 내가 말했잖아. 공 뒤를 치라고. 흙을 퍼 올려! 때리지 말고 올려야지."

어허. 언성이 높구나, 친구야.

급격히 지친 모습의 남편이 말했다.

"아, 내가 알아서 좀 쳐 볼게. 기다려 봐, 쫌(이 악물)!"

험악한 분위기가 상상이 되시는가?

자, 골프 레슨은 누구에게? 프로에게.

자칫하면 싱글이 되기도 전에, 다른 의미의 싱글이 먼저 될 수 있기에.

▶ 모든 부부는 사랑의 기술을 배우듯 싸움의 기술도 배워야 한다.
좋은 싸움은 객관적이고 정직하다.
절대 사악하거나 잔인하지 않다.
좋은 싸움은 건강하고 건설적이다.
결혼생활에 평등한 파트너 관계라는 원칙을 세워 준다.

– 앤 랜더스

고민 상담 칼럼을 쓴 유명 칼럼니스트

55

편견

골프 접대, 필요할까요?

왠지 재미있을 것 같은 라운딩에 초대를 받았다.

친구는 정말로 '긴급상황'이라고 말했다. 비즈니스를 위한 자리에 갑자기 공석이 생겼다고 했다. 중요한 의사결정권을 가진 바이어를 초대한 일종의 '접대 골프' 자리였다.

나에게는 별로 말을 시킬 일이 없을 것이라며, 그저 조인 플레이하듯 즐기면 된다고 했다.

나는 그런 상황을 경험해 본 적이 없어서 무척 궁금했다. 드라마처럼 "어이쿠, 사장님. 실력이 대단하십니다."를 남발하거나, 헛스윙을 해도 "나이스샷~"을 외치려나?

그도 아니면, 그린에만 올라가도 "오케이!"를 주려나? 다양한 상상을 하며 라운딩에 임했다.

그런데 초반에 서로의 서열을 확인하는 듯한 분위기가 잠시 있었을 뿐, 별로 다른 점은 없었다. 모든 멤버의 골프 실력이 예상보다 좋아서 좀 당황하긴 했지만 전반적으로 자연스러웠다.

긴장이 풀리고 조금 루즈해지다 보니 언젠가 들었던 접대 골프의 끝판왕 스토리가 생각났다.

모 회장님이 라운딩을 나갔는데 그린이 보이지 않는 도그렉 홀이 나왔다. 회장님과 나머지 세 명이 티샷을 날렸고, 도그렉이다 보니 공은 보이지 않았다. 세컨샷을 치러 가 보니 모 회장님의 티샷만 그린에 올라가 있었다는 스토리였다. 누군가 올려 두었다는 어마어마한 접대 골프 이야기다.

그때 나의 상상을 깨뜨리며 친구와 바이어 두 사람의 대화가 들렸다.

바이어 : "자네, 오늘 너무 봐주는 거 아닌가? 평소 싱글 치는 사람이. 허허."

친구 : "아, 무슨 말씀이세요, 사장님. 이 골프장이 난이도가 높은 곳이라 저 지금 헤매고 있어요. 사장님은 오늘 컨디션이 좋으신 거예요? 아님 실력이 더 좋아지신 거예요?"

이렇게 고급진 접대 멘트라니.

친구는 별다른 오버를 떨지 않고, 자신의 스코어를 조절하며 밀당의 재미를 주고 있었던 것이다.

부럽다. 이건 골프를 잘 치는 사람만 할 수 있는 고급 스킬이니까.

대부분의 홀에서 투온을 성공시킨 바이어와 친구는 여유롭게 걸어 다니며 계속 대화를 나누었다. 아니, 저렇게 4시간 반을 붙어 다니면 없던 우정도 싹틀 것 같다.

사실 나는 '접대'라는 말이 가진 부정적 의미에 꽂혀 '골프 접대'라는 개념을 지나치게 한쪽 방향으로만 생각했던 것 같다. 깊게 고민해 보지 않고 무조건 나쁜 것으로 치부했다는 생각이 들자 반성이 되었다.

직장생활을 하다 보면 평소 꺼내 보이지 못했던 마음을 전하려고, 또는 동료들과 조금 더 친해지려고 차도 마시고 밥도 먹는다. 저녁에 술 한잔을 기울이기도 한다. 어찌 보면 그와 다를 바 없는 수단이 골프 라운딩인 것이다.

서로 골프를 즐길 줄 알고 함께 시간을 보내며 친해지고 싶다는 조건이 형성된다면, '골프 접대'만큼 좋은 접대 자리가 또 있을까?

골프 접대의 부적절한 사례를 모르거나 그것을 지지한다는 의미가 아니다. 매너 게임인 골프를 잘 활용하기만 한다면 건강한 비즈니스, 건강한 관계를 형성하는 데 도움이 될 수 있다는 이야기를 하고 싶었다.

요즘 부모님께서 부적 자식들 걱정이 많으신데, 날씨가 풀리면 부모님께 골프 접대를 좀 해야겠다.

> ▶ 인간관계의 가장 큰 문제는, 대부분의 사람들이 뭔가를 얻기 위해 인간관계를 시작한다는 사실에서 비롯된다. 사람들은 자신을 기분 좋게 해 줄 사람을 찾고자 애쓴다. 관계가 지속되는 유일한 방법은, 관계라는 개념을 무언가를 얻는 것이 아니라 무언가를 주는 것으로 바라보는 것이다.
>
> — 앤서니 로빈스
> # 미국의 작가, 동기부여 전문가

56

스크린 골프
골프를 즐기는 다양한 방법

"스크린 자주 다니면 스윙 망가진다."라는 말을 들은 적이 있다. 그래서 초보 때는 필드 위주로 다니려고 노력했다.

어느 정도 자신감이 붙고 나서는 스크린도 종종 간다. 그 나름의 재미가 있으니까.

스크린 골프는 플레이 환경 설정에 필요한 몇 가지 용어가 있다.

난이도를 골라서 골프장을 선택하고, 레드티 또는 화이트티에서 칠 건지도 고른다. 플레이모드 선택, 멀리건 수, 컨시드 거리, 티 높이, 퍼팅 이어 하기 등의 룰을 정한다. 기타 환경인 바람, 티옵 시간, 홀 위치 등은 대체로 설정된 그대로 놔둔다.

- **플레이모드** : 프로, 아마추어 등 모드에 따라 거리, 방향 등을 보정해 주는 정

도가 다르다.

- **멀리건** : 잘못 쳤을 때 동반자가 벌타 없이 한 번 더 기회를 주는 것을 말한다.

- **컨시드**Concede : '인정한다'는 뜻으로 필드에서 말하는 '오케이Okay'와 같은 의미다. 홀에서 1m, 1.5m 등 거리를 정해서 그 안에 공이 들어가면 1타를 받고 홀인으로 인정받는다.

- **퍼팅 이어 하기** : 모두의 공이 그린에 올라간 후에는 한 사람씩 다 넣고 내려오는 방식이다.

업체마다 용어나 방식이 조금씩 다를 수 있지만 대체로 금세 적응된다.

요즘은 지상 스크린 골프장도 많이 생기고 있지만 보통 지하에 위치하는데, 빛이 잘 차단되어야 화면이 선명하기 때문인 것 같다.

스크린 골프의 가장 큰 장점은 '밀접 접촉'이다.

좁은 공간에 테이블과 의자, 옷장 등이 놓여 있고, 대부분의 공간은 화면과 스윙하는 곳이다. 사람 4명, 클럽백 4개가 들어가면 북적북적하다. 가끔 가벼운 음식을 주문해서 먹기도 하는데 필드에서는 누릴 수 없는 호사다. 물론, 집중력은 많이 떨어지지만 친목에는 도움이 된다.

나는 스크린과 필드 스코어가 비슷하다. 그런데 필드보다 스크린 실력이 월등한 사람들이 있다. 하필 이런 사람과 내기를 하면 망한다.

종종 골프를 할 때 "나 왜 이렇게 진지하지?" 하는 생각을 한다.

무언가에 열중하는 것은 좋은 일인 것 같다. 몰입의 순간은 인간에게 만족감을 주니까. 그런데 가끔은 이렇게 사람들과 어울리며 즐기는 골프를 하는 것도 행복인 것 같다.

또 그러면서 연습도 되니까!

> ⌐ 인간관계는 넓히는 건 줄 알았는데 잘 좁혀야 하는 거더라.
>
> **- 하상욱**
>
> # 작가 겸 가수. 《튜브, 힘낼지 말지는 내가 결정해》,
> 《시밤(시 읽는 밤)》, 《어설픈 위로받기: 시로》 저자.

57

숏게임
파3 연습장에 가야 하는 이유

지인1 : "언니, 저 드디어 라운딩 다녀왔어요!!"

신이 나서 자랑하는 지인에게 물었다.

나   : "올~ 몇 개 쳤어?"
지인1 : "네?? 그런 건 없었는데?"

뭐지. 왜 그런게 없다는 걸까.

알고 보니 그녀가 다녀온 곳은 파3(파쓰리) 나인홀 연습장이었다.
귀엽다.

라운딩 횟수가 늘어날수록 알게 된다. 결국 스코어를 좌우하는 것은 숏게임이라는 것을. 숏게임이란, 그린 주변에서 하게 되는 어프로치샷부터 퍼팅까지를 의미한다.

초보일수록 긴 클럽에 의존하려는 경향이 강하다. 드라이버, 우드, 유틸, 아이언 7번까지. 드라이버와 익숙한 채를 사용해서 그린 주변까지 가고 나면 집중력이 떨어지기도 한다.

하지만 정작 스코어를 가장 많이 잃어버리게 만드는 클럽은 웨지(피칭, 어프로치, 샌드)와 퍼터다.

초보일수록 짧은 채를 잘 다루지 못하는 것은 당연하다. 왜?

1. 연습량이 적으니까
2. 연습량이 적어서 자신감이 떨어지니까
3. 어프로치 클럽과 퍼터의 정확한 거리감이 없으니까

그래서 평소 숏게임 연습을 많이 해 두면 좋다.

알고 있다. 우리는 긴 클럽 연습하기에도 시간이 부족하다는 것을. 그래도 백돌이를 벗어나고 싶다면 실외 숏게임 연습장에 가자. 검색해 보면 파3 코스 9홀로 구성된 숏게임 연습장과, 벙커 연습도 할 수 있는 실외 연습장이 많다. 실제 잔디에서의 어프로치와 퍼팅 감각을 익히는 데 매우 도움이 된다.

지인들이 첫 라운딩을 준비하고 있다면 반드시 제안하는 코스는 다음과 같다.

실내/외 연습장에서 풀스윙까지 연습하기 ➡ 파3 코스 경험하기 ➡ 퍼블릭 나인홀 경험하기 ➡ 준비된 첫 라운딩 즐기기

　이 정도면 첫 라운딩에서 어리바리한 모습을 보이지 않고 여유롭게 즐길 수 있을 것이다.

　나의 첫 라운딩은 기억에 없다. 온통 긴장과 당황함의 연속이었기 때문이다.

당신의 첫 라운딩이 아름답게 기억되기를 바란다면, 그리고 당신
이 하루빨리 백돌이를 벗어나고 싶은 사람이라면, 더 자주 파3 연습
장에 가라고 추천하고 싶다.

> ⚑ 골프는 실수의 게임이다.
> 그러므로 제일 실수 안 하는 골퍼가 승리한다.
>
> – 벤 호건

58

전문용어
아이유 말고 아이구

지인1 : "야, 들어 봐, 들어 봐.

베이스볼Baseball을 우리말로 하면 뭐야? 야구.

사커Soccer를 우리말로 하면? 축구.

바스켓볼Basketball을 우리말로 하면? 농구.

골프Golf를 우리말로 하면 뭐~게? 아이구!"

친구의 유머에 어이없으면서도 너무나 공감이 가서 키득키득 웃었다. 나의 주변에는 이처럼 골프 관련 유머를 들려주는 사람들이 많다. 운이 좋게도 골프 멤버가 다양한 편이기 때문이다.

연령대, 직업, 성별 등 각양각색의 사람들과 라운딩을 즐기다 보면 다양한 용어와 룰을 접한다. 다양한 골프 전문(?) 용어를 미리 알아 두면, 18홀을 좀 더 즐겁게 보낼 수 있다.

지나친 비하, 욕을 포함한 은어, 긴 해석을 필요로 하는 것을 제외하고 몇 가지 알아 두면 좋은 용어들을 소개하고자 한다.

- **라베** : 라이프 베스트(최고 스코어)

- **뽕샷** : 위로 높게 치솟아 버린 공

- **뱀샷** : 탄도가 없이 잔디를 기어서 가는 공

- **구찌** : '입'을 의미하는 일본어로, 상대의 멘탈을 흔들어 놓는 모든 말과 행위

- **막창** : 도그렉(좌/우로 휘어진 코스)에서 공이 궤도를 벗어난 경우

- **깨백이** : 처음으로 100개 아래로 친 것

- **오잘공** : 오늘 제일 잘 친 공

- **드만싱** : 드라이버만 싱글

- **오바마** : 오케이는 바라지도 마

- **알까기** : 공을 찾는 척하며 주머니의 공을 슬쩍 흘리는 경우

- **일파만파** : 첫 홀에서 한 명만 파를 해도 전원 파로 기록하는 것

- **버탐필보** : 버디를 탐하면 반드시 보기를 한다

- **도로협찬** : 공이 도로를 맞고 다시 페어웨이로 들어온 경우

- **닭장프로** : 연습장에서만 잘 치는 사람

- **와이파이** : 공을 좌우로 보내서 플레이어가 많이 걸어야 하는 경우

- **머리 올리다** : 첫 라운딩을 일컫는 말로 '시집보낸다(여)', '상투를 튼다(남)'라는 뜻에서 비롯된 용어

이 외에도 수많은 용어들이 존재하고, 또 계속 만들어지겠지만 이러한 용어들은 라운딩을 즐겁게 해 주는 선에서 사용해야 한다. 상대방의 기분을 상하게 하는 표현이나, 지나친 사용은 당신의 스코어에 해로울 수 있다.

그런 의미에서 '구찌 → 태클', '머리 올리다 → 첫 라운딩' 정도로 바꾸어 사용하면 어떨지 제안해 본다.

내가 듣기 싫은 말은 남도 듣기 싫을 테니까.

⚑ 골프에서의 승리는 체력보다 정신력과 강인한 인격에 있다.

- 아널드 파머

\# 미국의 전설적인 골프 선수로
1974년 세계 골프 명예의 전당에 이름을 올렸다.

59

중고거래

나의 마음은 갈대라네

'나에게 의미 있는 물건이지만 다른 사람은 아닐 수 있으니까.'

이게 나의 첫 중고거래 스탠스였다.

한정판 퍼터. 구하기 어려웠던 만큼 소유의 순간 행복감이 컸다. 하지만 예쁜 이 녀석은 라운딩만 데려가면 악마로 변했다. 너무도 예민해서 다루기가 어려웠던 탓이다.

그래도 쉽사리 떠나보낼 수가 없어서 몇 년간 가지고만 있다가 골동품이 되기 전에 팔기로 했다.

검색을 통해 비슷한 컨디션을 조회해서 평균 가격으로 올렸다. '요즘 더 예쁜 퍼터가 많은데 누가 이걸 사겠나?' 했는데 올리자마자 구매 의뢰가 밀려왔다.

예상보다 인기가 많은 듯하자 기분이 묘해졌다.

나름의 원칙으로 가장 처음 문의한 사람에게 팔기로 했다. 바로 오겠다고 했다. 나보다 급해 보였다.

집이 멀어서 1시간 반을 차로 이동해서 오셨다.

사람 마음이란 참 이상한 것이다. 막상 올릴 때는 이게 팔리겠나 싶더니, 너무 간절한 모습을 보이니 아깝게 느껴졌다. 분명, 놔두면 몇 년이 지나도 쓸 일이 절대 없을 물건인데도.

더 비싸게 올릴 걸 그랬나 하는 생각도 올라왔다(세상 비겁). 그래도 구매자분이 기뻐하는 모습을 보니 좋은 분께 보냈다는 생각에 기분이 좋아졌다.

문제는 그 다음번 거래였다. 또 한번 사용하던 퍼터를 교체할 시기가 되었다.

이 퍼터는 사용감이 좀 있고, 다루기 쉬워서 꽤 마음에 들어 하며 사용했다. 최근까지 잘 쓰던 것이니 다른 사람도 바로 쓰면 좋을 거라 생각하며 중고거래 사이트에 올렸다.

나에게는 지난번 거래에서 배운 교훈이 있지 않던가? 어설프게 올렸다가 팔고 나서 아까운 생각에 배가 아플 수 있다는 사실.

그래서 이번에는 '누가 이걸 사겠나?' 하는 마음이 아니라, 내가 섭섭하지 않을 금액으로 올렸다.

4개월이 지났다. 아무런 반응이 없다.

중고거래 초짜로서의 경험이 많은 것을 말해 주는 것 같다.

사람의 마음을 미루어 짐작하는 것은 쉽지가 않다. 심지어 나조

차 나의 마음을 알기 어렵다.

매일같이 마음훈련을 하고 안내하는 사람인데도 나의 마음이 판매 전과 후에 이렇게 바뀔 줄이야.

┌─

⚑ 인연은 억지로 만들어지는 것이 아니라 저절로 옵니다. 헤어짐 또한 억지로 만들어지는 것이 아니라 저절로 헤어집니다. 인연이 다했기 때문입니다.

- 정목 스님

불교 TV와 라디오에서 음악 프로그램 진행.
《달팽이가 느려도 늦지 않다》 저자.

60

장비 보관

장비도 숨 좀 쉬고 갈게요

현재 내 캐디백에는 클럽이 12개 들어 있다.

골프장에 갈 때 클럽을 14개까지 가져갈 수 있지만 사용 빈도가 거의 없는 채는 두고 간다.

무겁기 때문이다.

- **드라이버**Driver : 공을 가장 멀리 보낼 수 있는 가장 긴 클럽으로, 샤프트 길이는 46인치로 제한된다. 헤드 크기가 가장 커서 파워가 잘 실리고 비거리가 멀리 나가며, 보통 첫 티에서 사용한다.
- **우드 또는 페어웨이 우드**Fairway Wood : 로프트(각도)에 따라 2~5번까지 나뉜다. 드라이버보다 길이가 짧고, 헤드도 작다. 2번은 브래시, 3번은 스푼, 4번은 버피, 5번은 클리크라는 고유의 이름을 가지고 있는데, 잔디 위에서

공을 멀리 보낼 때 사용하고, 정확도가 필요한 티샷에도 종종 쓰인다.

- **유틸리티**Utility **또는 하이브리드**Hybrid : 우드와 롱 아이언의 장점을 결합한 클럽이다. 우드보다 길이가 짧아 다루기 수월하고, 롱 아이언에 비해 공을 맞히기 쉽다. 특히, 헤드 무게중심이 낮고 페이스 뒤쪽에 무게를 보강해 아이언처럼 샷을 잘 띄워 준다.

- **아이언**Iron : 페이스 면과 각도에 따라 1~9번까지 있고, 주로 세트를 이루고 있다. 샤프트와 헤드그립이 스틸, 경량 스틸, 그라파이트 세 종류로 구성되어 있다.

- **웨지**Wedge : 아이언 중 가장 짧은 9번 아이언보다 짧은 클럽이다. 웨지 종류에 따라 100야드 안팎의 샷부터 그린 주변의 어프로치샷, 벙커샷 등 다양한 상황에서 사용한다. 웨지 클럽별 로프트는 피칭웨지PW 44~48도, 갭웨지GW 48~52도, 샌드웨지SW 52~58도, 로브웨지LW 58~64도다.

- **퍼터**Putter : 그린에서 공을 굴려 홀인시킬 때 사용하는 클럽이다. 헤드의 로프트는 4도 전후로 수직에 가깝다. 헤드 디자인은 다양하지만, 종류는 두 가지다.

  ① **블레이드형(일자형)** : 무게 중심이 헤드의 토(Toe, 발가락) 부분에 있어 부채꼴 스트로크(스윙 궤도가 살짝 부채꼴인 경우)를 하는 골퍼에게 적합하다.

  ② **말렛형(반달형)** : 무게중심이 페이스 면에 있고, 헤드의 뒷부분이 넓다. 직진성이 좋아서 시계추 스트로크(스윙 궤도가 직선인 경우)를 하는 골퍼에게 적합하다.

라운딩에 다녀오면 대체로 클럽을 트렁크에 그대로 보관하는 경우가 많다.

비 오는 날 라운딩을 한 적이 있다. 이후에 장비 보관에 대한 중요성을 깨달았다.

비에 젖은 클럽은 당연히 닦아서 보관해야 하고, 캐디백 지퍼를 열어서 말려 줘야 한다. 장갑은 그대로 두면 쪼글쪼글해지거나 모양이 변할 수 있고, 또 냄새가 날 수 있으니 반드시 쫙 펴서 그늘에 말려야 한다.

또한 너무 오래 묵혀 둔 골프공은 탄도가 떨어질 수 있다고 하니, 예쁘다고 가지고만 있던 공이 있다면 이번 기회에 꺼내서 시원하게 날려 봐도 좋겠다.

또 누가 알겠는가? 홀인원이라도 할지.

╻ 게으름은 즐겁지만 괴로운 상태다. 행복해지기 위해서는 무엇인가 하고 있어야 한다.

– 마하트마 간디
\# 인도 민족운동 지도자

◄ 마무리 글 ►

최근 주니어 프로 선수들을 대상으로 '마음챙김 골프명상' 수업을
하고 있는데, 수업이 끝나면 개인적으로 찾아오거나 상담을 요청하
는 선수들이 많습니다.

다양한 고민이 있을 법도 한데, 질문은 크게 세 가지로 나뉩니다.

"불안/긴장할 때 어떻게 해야 하나요?"

"생각이 너무 많을 때 어떻게 해야 하나요?"

"화를 참을 수가 없어요."

이들이 돌아가서 우리가 제시한 방법을 시도하고 도움을 받고, 또다
시 찾아와서 그다음 방법을 궁금해할 때 우리는 행복감을 느낍니다.

"생각이 줄어들었어요."

"짧은 시간에 몸이 편해졌어요."

"코치님이 저에게 달라졌대요."

이런 반응은 '마음챙김 골프'가 제시하는 방법을 직접 해 본 경우에 나옵니다.

머리로만 이해하고 직접 연습해 보지 않았던 선수들은 감흥이 없다가, 달라진 동료 선수를 보고 나서 그제야 시도해 봅니다.

'마음챙김 골프'는 이론이 아닙니다.

연습Practice해서 몸과 마음에 쌓아야 하는 근육입니다.

그래야 '지금, 이 순간'의 중요한 찰나에 발휘할 수 있습니다.

글을 마무리하는 지금, 마치 18홀을 돌고 온 느낌입니다.

마음에서 여러 가지 목소리가 중얼중얼거립니다.

"부족한 내용은 없을까?" 하는 아쉬운 마음과, "그래도 한 권의 책을 완성했구나." 하는 뿌듯한 마음.

"글 쓰는 거 너무 힘들었어." 하는 지친 마음과, "그래도 이제 끝났어." 하는 안도하는 마음.

"책이 안 팔리면 어쩌지?" 하는 불안한 마음과, "그래도 누군가에게는 도움이 될 거야." 하는 행복한 마음.

이렇듯 우리의 마음은 찰나에 일어나고, 수시로 변하고, 또 언제 그랬냐 하며 시치미도 뗍니다.

마음의 이런 속성을 모르고 살아가면 마음이 시키는 대로 말과 행동을 하게 됩니다. 말로 상처를 주고받고, 후회할 행동을 하고, 간절히 원하는 결과를 놓칩니다.

그렇기 때문에 마음이 건강한 근육을 유지할 수 있게 평소 자주 훈련시켜 줘야 합니다.

우리는 마음챙김을 골프에 적용하면서 "이거 진짜 대박이다!"라고 자주 말했습니다. 실제로 빠르게 마음이 차분해지고 집중되는 것을 경험했습니다.

구력에 비해 '잘 친다'는 반응도 기뻤지만, 이보다 더 중요한 깨달음도 있었습니다.

> ▶ 우울한 사람은 어제를 살고, 불안한 사람은 미래를 살며, 평온한 사람은 현재에 산다.
>
> – 노자

우리는 '마음챙김 골프'가 그야말로 현재, 즉 '지금 이 순간'을 경험하는 최고의 방법이라는 것을 알게 되었습니다.

골프가 스트레스 요인이 되어서는 안 됩니다. 행복해야 하죠.

클럽을 들고 공과 마주하는 그 짧은 순간, 오롯이 집중할 수 있다면 그 순간이 행복입니다.

지금 잠깐, '마음챙김 골프'를 연습해서 행복한 골퍼가 되시면 좋겠습니다.

부록

내 손 안의 마음챙김
골프명상 20

(1) 긴장될 때

'음악에 마음 모으기'

❶ 마음의 안정에 도움이 되는 음악, 힐링 음원, 고요한 소리, 자연의 소리 등의 키워드로 몇 가지 음원을 검색해서 자신에게 도움이 되는 음원을 정한다.

❷ 눈을 감고 음악을 들으며 소리에 귀를 기울인다.

❸ 음의 높낮이, 길이, 시작과 끝, 멈추거나 이어지는 부분 등 소리의 변화에 집중한다.

❹ 긴장, 두려움 등의 감정, 그리고 수많은 생각이 줄어들고 오직 소리만 들린다.

❺ 한 곡을 듣는 동안 다른 것을 하지 않고 소리에 마음을 모은다.

❻ 평소 반복해서 연습하고, 라운딩 전에 1회 이상 청취한다.

뇌가 기억해 낼 것이다. 지금, 정신력을 발휘할 순간이라는 것을.

마음챙김 골프명상 2 - 이완

(2) 감정조절이 어려울 때

'오감으로 차 마시기'

❶ 적당량의 물을 끓이고 차를 준비한다.

❷ 컵에 차를 넣고, 물 따르는 소리에 집중한다.

❸ 잠시 컵을 양손으로 잡고 따뜻한 촉감을 느낀다.

❹ 차가 우려지는 동안 찻물 색이 변하는 것을 바라본다.

❺ 컵을 들어 올려 차의 향을 맡는다.

❻ 차의 김에서 느껴지는 따뜻함과 습기를 알아차리며 한 모금 마신다.

❼ 입안에서 느껴지는 맛과 온도의 변화에 집중한다.

❽ 차가 목을 타고 내려가는 감각을 따라가 본다.

❾ 가슴과 배의 힘을 툭 풀고 편안하게 이완한다.

위의 1~9 과정을 몇 차례 반복하고 잠자리에 든다.

(3) 첫 홀부터 잘 치고 싶을 때

'리듬 스트레칭'

❶ 스윙 리듬 떠올리기

나만의 스윙 리듬(또는 문구)을 떠올린다. 나의 리듬은 '짜~ 장~~~면'이다. 짜장면보다 좀 우아하고 싶다면 '우~아~~~ 해'로 바꿔도 좋겠다.

❷ 스트레칭 부위 정하기

목 - 오른쪽 멀리 바라보고 끄덕끄덕하며 반대쪽 목 늘리기 (양쪽), 스윙 리듬에 맞춰서.

크게 원을 천천히 그리며 돌리기(반대쪽도), 스윙 리듬에 맞춰서.

어깨 - 짧은 클럽 하나를 들고 무게중심 가운데를 잡고 팔을 크게 돌려 어깨를 풀어 준다. 스윙 리듬에 맞춰서.

손목 - 팔을 앞으로 쭉 내밀어 편 후, 손목을 비틀어 자동차 와이퍼처럼 돌려 준다. 스윙 리듬에 맞춰서.

추가 - 팔꿈치, 등, 허리, 골반, 허벅지, 종아리, 무릎, 발목. 본인이 평소 필요하다고 생각되는 부위를 스트레칭해 준 다. 스윙 리듬에 맞춰서.

기억하자. '스윙 리듬에 맞춰서'.

지금 스트레칭하는 동안의 리듬이 무의식에 각인되어, 라운딩 내내 스윙 리듬을 잊지 않도록 해 줄 것이다.

(4) 빠른 회복이 필요할 때

'밀당 스트레칭'

❶ 어린이 노래 순서 떠올리기

'머~리, 어깨, 무릎, 발, 무릎, 발' ➡ '머~리, 어깨, 무릎, 발, 허~리'로 변형

❷ **머리** : 오른쪽으로 돌린 후 *끄덕끄덕* 동작을 4회 반복한다. (천천히, 왼쪽도)

어깨 : 오른쪽 팔을 쭉 펴고 왼쪽 팔로 오른쪽 팔을 걸어 가슴 쪽으로 당긴다. (반대쪽도)

무릎 : 11자로 선 상태에서 오른발을 뒤로 보내고 왼쪽 무릎을 굽힌다. 이때 오른쪽 발 뒤꿈치를 바닥으로 밀어낸다. (반대쪽도)

발 : 한쪽 발 바깥 날을 바닥으로 밀기, 발 안쪽 날을 바닥으로 밀기, 발가락을 바닥으로 밀기, 발 뒤꿈치를 바닥으로 밀어낸다. (반대쪽도)

허리 : 골반에서 가슴 정도의 높이(예를 들어 카트 손잡이, 의자 등받이 등)에 양손을 쭉 뻗어 올리고, 뒤로 두세 걸음 물러나서 엉덩이를 뒤로 쭉 뺀다. 머리와 척추를 일직선으로 만들고 엉덩이 쪽으로 밀어 준다.

마음챙김 골프명상 5 - 이완

(5) 쉽게 잠들 수 없을 때

'바디 스캐닝'

❶ 몸이 편안한 자세를 찾아 눕는다. 편안하게 호흡한다. 몸의 많은 부분이 바닥에 닿는 것이 좋고, 이불을 덮어도 된다.

❷ 바닥에 닿아 있는 머리 부위를 편안히 한다. 무게감, 눌린 느낌이나 면적을 느낀다.

❸ 바닥에 닿아 있는 어깨 부위를 편안히 한다. 닿은 어깨 면적, 눌린 느낌, 온도감을 느낀다.

❹ 바닥에 닿거나 떠 있는 등 부위를 편안히 한다. 편안히 하는 부위마다 힘이 빠지고 이완되는 것을 느낄 수 있다.

❺ 위 방법으로 팔, 엉덩이, 허벅지, 종아리, 발 뒤꿈치, 발가락까지 이어 간다. 머리끝부터 발끝까지 깃털로 쓸어내리듯 구석구석의 감각에 집중하며 이동한다.

❻ 발끝까지 오기 전에 다른 생각이 끼어들었다면 다시 머리부터 시작해도 좋고, 기억나는 부위부터 이어 가도 좋다.

경험상, 대부분 종아리까지 오기도 전에 코를 곤다.

마음챙김 골프명상 6 - 집중

(1) 드라이버 칠 때

'나는 산이다'

❶ 양발을 어깨 넓이로 딛고 서서 아주 크고 깊은 산을 떠올린다.

❷ "나는 산이다."라고 되뇌며 발이 땅과 단단하게 닿아 있음을 느낀다.

❸ 허리를 숙여 드라이버 어드레스 자세를 취한다.

❹ 평소 연습한 대로 스윙한다.

(2) 스윙 루틴 만들 때

'백스윙 직전 호흡 한 번'

❶ 연습장에서 한번 스윙하고 나면 다리를 모은다.

❷ 그립에서 손을 풀고, 한 손으로 채를 잡고 공을 가져온다.

❸ 클럽페이스를 공에 조준한 후 공 진행 방향을 슬쩍 확인한다.

❹ 이제 다리를 벌려 어드레스 자세를 취한 후 다시 양손으로 그립을 잡는다.

❺ 숨을 한 차례 들이마시고 내쉰다.

❻ 평소 연습한 대로 스윙한다.

마음챙김 골프명상 8 - 집중

(3) 표정 관리가 안 될 때

'페이스 스캔'

❶ 다른 멤버들이 티샷하는 동안 잠시 눈을 감고 편안하게 호흡한다.

❷ 눈에서 힘을 뺀다.

❸ 어금니를 살짝 떼고 턱에서 힘을 뺀다.

❹ 가슴과 아랫배의 힘을 툭 풀고 호흡한다.

❺ 다시 얼굴로 돌아와 입꼬리를 살짝 올리며 눈을 뜬다.

❻ 이제, 평소대로 라운딩한다.

(4) 창피할 때

'괄약근에 힘주기'

❶ 얼굴이 화끈거리면 괄약근에 힘주기 매뉴얼을 떠올린다.

❷ 괄약근에 힘을 줬다, 뺐다 하는 것을 반복한다.

❸ 오직 그곳에 집중해서 창피한 생각에서 떨어진다.

❹ 이제, 평소대로 라운딩한다.

(5) 화가 날 때

'아, 그렇구나'

누군가 화를 돋우는 말을 한다면 속으로 이 화법을 적용해 보자.

❶ 잠시 지금 내가 어떤 감정인지 알아차린다.

❷ 감정이 무엇이건 우선, "아, 그렇구나"라고 속으로 말한다.

❸ 다음은 그 감정이 짜증이면 "나 짜증 났구나", 화면 "나 화났구나"라고 말한다.

❹ 고개를 끄덕이며 "나 짜증 났구나" 또는 "나 화났구나"라고 한 번 더 속으로 말한다.

이제, 감정의 조절이 조금 수월해질 것이다.

(6) 자꾸 다른 생각이 날 때

'1분 호흡하기'

❶ 타이머를 1분으로 맞춰 놓고 '들숨 날숨 하나, 들숨 날숨 둘…' 이런 식으로 호흡을 센다.

❷ 1분간 몇 번의 호흡을 했는지 기억하고 두세 번 더 해서 평균을 낸다.

❸ 이 숫자가 당신이 편안할 때 호흡하는 스피드라는 것을 기억한다.

❹ 생각이 많을 때마다 바로 눈을 감고 기억하는 숫자만큼 호흡을 한다.

❺ 이제 1분이 지났다. 방금 전 복잡한 생각에서 1분만큼 간격이 생겼다.

❻ 1분 전보다 차분해진 상태라 '불필요한 생각(할 수 없는 일)'과 '필요한 생각(할 수 있는 일)'을 구분할 수 있다.

❼ 지금, 할 수 있는 일에 집중하자.

(7) 퍼팅할 때

'퍼팅 라인 그려 보기'

❶ 볼 위치에 마크하고 크게 돌며 전체적인 그린을 살핀다.

❷ 낮은 자세로 앉아서 공과 홀 사이의 그린 경사와 굴곡을 확인한다.

❸ 홀을 바라보고, 공이 굴러가는 라인을 그리며 연습 퍼팅을 한다.

❹ 이제, 공을 바라보고 평소 연습한 대로 퍼팅을 한다.

(8) 불안할 때

'손으로 잼잼 하기'

❶ 불안한 마음이 올라오면 골프공 하나를 손에 쥔다.

❷ 어린 아이들이 잼잼 하듯이 공을 쥐었다 폈다 한다.

❸ 속으로 '잼, 잼' 하고 되뇌면 공의 딱딱함, 크기 등에 집중하게 된다.

❹ 이제, 뇌가 속았으니 평소대로 라운딩한다.

(1) 가슴이 두근거릴 때

'오른발 왼발'

가슴이 두근거리거나 긴장될 때 도움이 되는 방법이다.

❶ 발 감각에 주의를 두고 걷는다.
❷ 발이 닿을 때, 들릴 때 감각의 변화를 관찰한다.
❸ 푹신하다, 딱딱하다, 허공에 있다, 닿았다 하는 감각에 집중한다.
❹ '오른발, 왼발, 오른발, 왼발' 하면서 명칭을 붙이며 걷는다.

이 방법으로 걷다 보면 가슴이 뛰는 감각은 줄어들거나 인지하지 못하게 된다.
그러면 심신이 빠르게 안정되는 효과를 볼 수 있다.

(2) 다른 사람이 신경 쓰일 때

'마음 방향 바꾸기'

❶ 잠시 눈을 감고 숨을 한 차례 크게 들이쉬고 길게 내쉰다.

❷ 멀리 보이는 산이나 커다란 나무로 눈을 돌린다.

❸ 산의 능선을 따라 시선을 천천히 옮긴다. 마치 붓으로 그림을 그리듯 한다.

　 또는 나무의 전체 윤곽을 따라 눈동자를 옮긴다.

❹ 이제 다음의 문구를 속으로 되뇐다.

　 "내가, 편안한 마음으로 공을 치기를."

　 "내가, 평소대로 공을 치기를."

　 "내가, 결과에 상관없이 이 시간을 즐기며 공을 치기를."

평소에 시간을 내어 연습할 수 있다면 아래 방법을 추가해 본다.

❺ 위 문구 세 가지를 한 후 다음의 문구도 되뇐다.

　 "나와 함께하는 사람들이 건강하기를."

　 "나와 함께하는 사람들이 행복하기를."

　 "그리고, 함께할 수 있어 감사합니다."

(3) 마음이 들뜰 때

'침착해 침착해'

버디를 잡고 기분이 좋아 붕붕 뜰 때 도움이 되는 방법이다.

❶ 들뜸을 잡아 내기 위해 명칭 붙이기 매뉴얼을 떠올린다.
❷ '치임~차악~해애~'를 응원 가락처럼 되뇐다. ('뽀~뽀~해!
  뽀~뽀~해!' 느낌)
❸ 박자에 맞춰 팔 윗부분, 가슴 등을 쓰다듬는다.
❹ '치~임 차~악' 박자에 쓰다듬기 한 번, '해애~' 박자에 쓰다
  듬기 한 번.

이 방법으로 20~30초 정도 하다 보면 들뜸이 가라앉으면서 가
슴 긴장이 내려가는 느낌이 든다.
이때, 호흡이 안정되고 자만하는 마음에서 벗어날 수 있다.

(4) 몸과 마음을 안정시킬 때

'들숨 날숨 호흡'

❶ 눕거나, 앉거나, 서거나 상관없다. 잠시 움직이지 않을 수 있는 자세로 눈을 감는다.

❷ 일부러 조절하지 말고 지금 하고 있는 그대로 숨을 쉰다.

❸ 들숨에 배가 부풀고, 날숨에 배가 가라앉는 것에 집중한다. 배와 가슴이 함께 움직여도 상관없다. 그저 부풀고 가라앉는 부위에 주의를 둔다.

❹ 이제 부풀고 가라앉는 움직임에 마음속으로 명칭을 붙인다. 부풀 때 '들숨', 가라앉을 때 '날숨', 부풀 때 '들숨', 가라앉을 때 '날숨'. 반복하다가 생각, 감각 등에 의해 들숨, 날숨 명칭을 놓칠 수 있다. 이때는 다시 3번으로 돌아가 반복한다.

이 연습은 골프 실력뿐 아니라 평정심이 필요한 모든 순간에 도움이 된다.

(5) 몰입하고 싶을 때

'싱잉볼 소리'

❶ 조용한 곳에 위치하고 싱잉볼을 준비한다. 싱잉볼이 없다면 스마트폰에서 관련 앱을 다운받아 플레이해도 좋다.

❷ 싱잉볼을 한번 두드리고 소리의 시작부터 끝까지 귀를 기울여 듣는다.

❸ 소리가 완전히 끝났다고 느껴지면 잠시 여운을 느낀 후 다시 한번 두드린다.

❹ 2~3번 단계를 몇 차례 반복한다.

❺ 머릿속 생각이 줄어들고 몸이 편안해지면, '들숨 날숨 호흡'을 이어서 해 봐도 좋다.

'싱잉볼 소리'는 평소에 연습해 두면 도움이 된다.

메트로놈 소리 듣기는 길게 하기 어렵기 때문에(반복적으로 계속되다 보니 다른 생각이 나기 쉽다) 스윙 연습할 때 적용하는 것이 효과적이다.

메트로놈 소리로 변형하기

❶ 연습할 때 이어폰을 끼고 메트로놈 소리를 설정한다.

❷ 소리에 귀를 기울여 집중하고 템포에 맞춰 스윙한다.

❸ 필드에서 스윙할 때 메트로놈 템포를 떠올린다.

(6) 차분함이 필요할 때

'아로마 향기'

❶ 좋아하는 아로마 오일을 몇 가지 준비해 둔다. 기분이나 상황에 따라 그날 더 마음에 드는 향을 고를 수 있다.

❷ 디퓨저나 다른 도구를 사용해도 좋고, 원액 그대로 티슈에 떨어뜨려 발향시켜도 좋다.

❸ 향기가 느껴지는 거리에 편안하게 앉아 눈을 감는다.

❹ 자연스럽게 호흡하며 향기에 집중한다.

❺ 좋다, 나쁘다 하는 판단이 아니라 향기가 어떻다 하는 감각을 단어로 표현한다.

'지금 향기가 느껴진다', '더욱 진해졌다', '연해졌다', '코 아래에서 느껴진다', '얼굴로 퍼진 느낌이다', '달콤한 향이다', '상큼한 향이다', '향이 나지 않는다' 등 감각 그대로 알아차린다.

❻ 다른 생각이 올라와서 향기를 놓치면 그저 다시 향기를 맡으며 4번부터 반복한다.

골프장으로 이동할 때 이 향기를 주변에 두면 심신 안정에 도움이 될 것이다.

(7) 입스가 왔을 때

'색칠하기'

❶ 도안과 색연필 또는 여러 가지 색의 펜을 준비한다. 도안은 지나치게 복잡하지 않고 좌우 대칭 그림이면 더 좋다.

❷ 가능하면 자리를 이탈하지 않고 한 자리에서 색칠하기, 덧 그리기 등을 하며 그림에 마음이 머물도록 한다.

❸ '예쁘다, 밉다', '맞다, 틀리다', '잘한다, 못한다' 등의 판단은 하지 않도록 한다. 그저 원하는 대로 색을 칠하는 것에 집중 한다.

❹ 중간에 하기 싫거나 다른 생각이 올라와서 색칠하기를 멈 추고 싶어지면 색칠하기를 완성하는 게 좋을지, 멈추는 게 좋을지 스스로에게 물어본다.

❺ 완성하는 게 좋다고 생각되면 끝까지 마무리하고, 멈추는 게 좋다고 생각되면 잠시 호흡을 가다듬은 후 활동을 중단 한다.